DevSecOps Ejecutivo Perspectiva de un Arquitecto TI

HAROLD ADRIÁN BOLAÑOS RODRÍGUEZ

EDITORIAL
UNIAUTÓNOMA

Bolaños Rodríguez, Harold Adrián, autor
DevSecOps ejecutivo : perspectiva de un arquitecto TI / Harold Adrián Bolaños Rodríguez. -- Primera edición en español. -- Popayán : Sello Editorial Uniautónoma del Cauca, 2025.
páginas.

Incluye datos curriculares del autor -- Incluye referencias bibliográficas -- Texto en español con resumen en inglés.

ISBN 978-628-7691-66-7 (impreso) -- 978-628-7691-65-0 (digital)

1. Arquitectura - Servicios de información 2. Sistemas de información en administración 3. Tecnologías de la información y la comunicación

CDD: 658.4038 ed. 23 CO-BoBN– a1153114

ISBN Impreso: 978-628-7691-66-7
ISBN Digital: 978-628-7691-65-0
Primera edición en español
Sello Editorial Uniautónoma del Cauca [julio], 2025

EDITORIAL

Diagramación: Sello Editorial Uniautónoma del Cauca
Corrección de estilo: Sello Editorial Uniautónoma del Cauca
Diseño de carátula: Harold Adrián Bolaños Rodríguez

Sello Editorial Uniautónoma del Cauca
Serie: Investigaciones
Editor General de Publicaciones: Ramsés López Santamaría
Calle 5 No. 3-85
Popayán, Colombia
Teléfono: PBX: 8213000 - Fax: 8214000
https://www.uniautonoma.edu.co/

Info copia: 1 copia disponible en la Biblioteca Nacional de Colombia Existencias
Biblioteca Nacional de Colombia Copia Material Localización
1 libro Electrónico Biblioteca Nacional

IMPRESO EN COLOMBIA - PRINTED IN COLOMBIA

DEDICATORIA

A la memoria de mi madre Aura Lilia, "Liliana" como todos la conocían, quien me inculcó el razonamiento abstracto y una profunda pasión por estudiar y comprender los conceptos y fundamentos del mundo que me rodeaba en su momento, alentándome siempre mi curiosidad para explorar más allá de lo evidente. Sin darse cuenta y con el amor de una madre, estaba formando desde niño a un ingeniero y sembrando en mí las bases y los valores del hijo que la acompañaría hasta el final.

CONTENIDO

Listado de Tablas

Listado de Figuras

AGRADECIMIENTOS

Doy gracias, en primer lugar, a Dios, por permitirme alcanzar cada meta que me he propuesto y por guiar mi camino.

Mi más profundo agradecimiento a mi familia, pilar fundamental en mi vida. Especialmente a mi tío Pedro Guillermo, cuya esencia y tono de voz aún resuenan en mí, inspirando gran parte de lo que soy. A mis abuelos, Laura y Guillermo, por su amor y enseñanzas. También a mi tía Mery, y a Franco, William y Francisco, con quienes crecí, aprendí los valores de la vida y compartí innumerables momentos. Un agradecimiento especial y sincero a Doña Yolanda y Don Alberto, dos personas invaluables que siempre han estado ahí, brindando su apoyo incondicional.

Un reconocimiento especial a mis mentores académicos: al profesor Josué Chaux, quien me abrió los ojos al maravilloso mundo de las ciencias sociales, y al profesor Alveiro Sanclemente, quien fundó en mí las bases de la ingeniería de sistemas desde mis primeros semestres en el instituto tecnológico.

Valoro enormemente las lecciones aprendidas de mi amigo Jaime Chavarriaga, cuya observación me enseñó el desempeño de la ingeniería a nivel empresarial.

Mi gratitud se extiende a mis compañeros y jefes de mi primer y más largo trabajo en Coomeva: Erik Orozco, Cecilia Contreras, Víctor Diego García, María Teresa López, Julián Valencia, Lizeth Barrios, Víctor Augusto Osorio, Eduard Bedoya, Danny Salcedo, y a mis jefes Víctor Manuel Carvajal, Graciela Bobadilla, Jairo Alonso Vargas y Fernando Caviedes. Con ellos, en esa fragua de aprendizaje, se forjó mi temple como ingeniero y se consolidó mi conocimiento aplicado en el mundo real, sentando las bases de las acciones y métodos de trabajo que han definido mi carrera.

Finalmente, quiero agradecer a mis compañeros de especialización y, de manera especial, a mis compañeros de maestría: Diego Gómez, Johan Bejarano y Danny Salcedo, de quienes conservo muy gratos recuerdos. A mi compañera de vida, Viviana Salazar, quien ha librado las batallas más difíciles a mi lado, y a mi hijo Adrian, mi mayor inspiración. Por último, un agradecimiento a Belén, del equipo de producción, por su valiosa colaboración.

INTRODUCCIÓN

Orquestando la Seguridad y la Velocidad en la Era Digital

En el agitado panorama tecnológico actual, la capacidad de innovar y entregar software de manera rápida y segura se ha convertido en el principal motor de valor para cualquier organización. Este libro nace de la convicción de que la seguridad no debe ser un obstáculo para la agilidad, sino su habilitador fundamental. Como arquitecto de TI con más de dos décadas de experiencia, he sido testigo de la evolución de la industria y la imperante necesidad de transformar la forma en que concebimos, desarrollamos y protegemos nuestras soluciones digitales.

Comenzaremos nuestro recorrido explorando los **Ciclos de Vida del Desarrollo de Software (SDLC)**, destacando cómo la gestión de proyectos de software, a diferencia de otras disciplinas, exige un enfoque estratégico y una evolución constante en sus metodologías. Comprenderemos la importancia innegable de los procesos y cómo la repetibilidad, consistencia y mejora continua son pilares para alcanzar la madurez organizacional. A partir de ahí, nos adentraremos en los **Diseños Arquitectónicos**, trazando la evolución desde los modelos tradicionales hasta las arquitecturas nativas de la nube, donde la contenerización y orquestación con Kubernetes no solo optimizan la eficiencia, sino que redefinen la postura de seguridad.

El corazón de nuestra discusión se centrará en **DevOps y DevSecOps en la Era de las Aplicaciones Web**, donde desmitificaremos la falsa dicotomía entre velocidad y seguridad. Revelaremos cómo DevSecOps representa un imperativo cultural y tecnológico, integrando la seguridad desde las fases más tempranas del desarrollo ("shifting left") y gestionando el riesgo de manera proactiva. Profundizaremos en el concepto de **SEGURIDAD** , analizando la tríada CIA (Confidencialidad, Integridad, Disponibilidad) y los diversos tipos de amenazas y adversarios que enfrentan las organizaciones hoy. Esta base nos permitirá entender por qué **DEVOPS y DEVSECOPS** son la maduración indispensable de la filosofía de entrega de software, haciendo de la seguridad una responsabilidad compartida y automatizada en cada paso del pipeline.

Continuaremos con **DevSecOps: Armonizando Seguridad y Velocidad en TI** , abordando cómo cerrar la brecha entre InfoSec y DevOps, cultivando una cultura de confianza y colaboración que es esencial para la resiliencia organizacional. Luego, exploraremos las **Estrategias Operativas para la Seguridad Continua** , detallando metodologías clave como el control de versiones, la infraestructura y seguridad como código (IaC/SaC), y los pipelines CI/CD robustos que previenen vulnerabilidades y garantizan la trazabilidad. Dada la velocidad de la evolución tecnológica, la **Educación en Seguridad como Motor de DevSecOps** es un pilar fundamental, y analizaremos diversas estrategias para fomentar el aprendizaje continuo y capacitar a los equipos en la construcción de defensas efectivas.

Finalmente, profundizaremos en el **Diseño de Seguridad en el Desarrollo de Software: Un Enfoque DevSecOps** , detallando cómo principios de diseño como el modelado de amenazas (STRIDE, DREAD, PASTA) y las buenas prácticas de codificación son cruciales para construir sistemas seguros por defecto. Concluiremos con los **Requisitos de Seguridad desde la Perspectiva DevSecOps** , transformando la identificación de amenazas en requisitos accionables y demostrando, a través de **Casos de Estudio** reales en Colombia, el valor tangible que DevSecOps genera en diversos sectores de la industria.

Este libro es una guía para líderes y profesionales que buscan no solo proteger sus activos digitales, sino también impulsar la innovación con confianza. Mi perspectiva como Arquitecto de TI ejecutivo se enfoca en la orquestación de decisiones técnicas y culturales que fortalezcan la seguridad desde el diseño, sin comprometer la agilidad. La verdadera esencia de DevSecOps reside en equilibrar la velocidad y la protección, un imperativo para el éxito en el dinámico mundo digital de hoy.

.

1 CICLOS DE VIDA DEL DESARROLLO DE SOFTWARE

La gestión del ciclo de vida del desarrollo de software (SDLC) presenta desafíos únicos, requiriendo un enfoque estratégico que se adapta a su naturaleza intelectual, a diferencia de otros proyectos. Este texto explora la evolución de las metodologías que han transformado el desarrollo de software, optimizando la calidad y la eficiencia en cada etapa.

Con una profunda experiencia en la implementación de la cultura DevSecOps y el dominio práctico de pipelines de CI/CD en plataformas líderes como GitLab, Azure DevOps y Bitbucket, ofrecemos una perspectiva clara y orientada a resultados. Nuestro análisis aborda desde los principios de la repetibilidad y la consistencia hasta la integración de tecnologías avanzadas como Kubernetes, esenciales para la orquestación y el despliegue de aplicaciones modernas.

Este documento es una guía fundamental para profesionales que buscan mitigar riesgos, impulsar la innovación y asegurar la entrega de soluciones de software robustas y escalables en el dinámico panorama tecnológico actual.

El desarrollo de software, a diferencia de otras disciplinas, es una actividad intelectual compleja donde la simple adición de recursos humanos no garantiza la aceleración de los proyectos. Comprender esta dinámica es crucial para gestionar eficazmente el **Ciclo de Vida del Desarrollo de Software (SDLC)**. Este texto explora los fundamentos, las metodologías clave y las herramientas avanzadas que transforman la gestión de proyectos de software, garantizando eficiencia y calidad.

El Desafío del Desarrollo de Software

Los proyectos de desarrollo de software difieren fundamentalmente de otros emprendimientos. En la construcción, por ejemplo, más mano de obra calificada puede reducir los plazos. Sin embargo, en el software, la relación entre el número de personas y el tiempo de finalización es mucho más intrincada. A lo largo de este documento, revisaremos el origen del desarrollo de software, sus beneficios y las etapas esenciales que componen cualquier metodología. También analizaremos las ventajas y desventajas de las metodologías más utilizadas en la industria.

El Valor Innegable de los Procesos

Metodologías y su Impacto

Desde sus inicios en la década de 1960, la industria del software ha evolucionado creando diversas metodologías para desarrollar proyectos a gran escala con mayor rapidez, eficiencia y calidad. Cada metodología surge a menudo como respuesta a desafíos encontrados con enfoques anteriores. No existe una solución única; una metodología ideal para una organización puede no serlo para otra. Sin embargo, un principio es innegable: **contar con una metodología es vital**.

Repetibilidad y Consistencia

Un objetivo central de cualquier proceso es la **repetibilidad**, es decir, la capacidad de replicar un resultado exitoso. En el desarrollo de productos, la consistencia es clave. Si se busca un producto de venta, se desea uniformidad en la producción para minimizar la variabilidad, que a menudo conduce a defectos. En el software, estos defectos son errores, y lanzar código con errores es algo a evitar. La consistencia en los procesos es una estrategia directa para reducir los errores en el software liberado.

Mejora Continua de Procesos

Un proceso bien definido permite evaluar las acciones, aprender de su efectividad y **mejorar constantemente para eliminar defectos**. Algunas metodologías, como Six Sigma, enfatizan la reducción de defectos de manera primordial. Una organización madura se distingue por su enfoque en la mejora de procesos. El modelo de madurez CMMI (Capability Maturity Model Integration) de la Universidad Carnegie Mellon, destaca la Optimización como el nivel más alto de madurez, donde la organización perfecciona continuamente sus procesos. Si bien la repetibilidad, consistencia y mejora de procesos pueden no ser tan relevantes para proyectos individuales muy pequeños, son factores críticos para las organizaciones comerciales. Sin una metodología adecuada o, peor aún, sin ninguna, la calidad del producto final puede ser deficiente o inconsistente.

DevOps: Integración y Automatización

Rompiendo Barreras

Históricamente, las metodologías de desarrollo de software tradicionales, como el modelo en cascada (waterfall), generaban largos ciclos de desarrollo con comunicación limitada entre equipos, lo que resultaba en altos costos y baja calidad. Con el auge de las aplicaciones y despliegues basados en la web, los equipos de operaciones se volvieron actores cada vez más importantes. Tradicionalmente, la colaboración era mínima, a menudo representada por desarrolladores "lanzando" proyectos "por encima del muro" al equipo de operaciones, sin comunicación ni documentación adecuada.

La Cultura DevSecOps

DevOps no es solo una metodología, sino una **cultura** diseñada para integrar estrechamente a los equipos de desarrollo y operaciones. Esto significa que el equipo de operaciones debe involucrarse desde la fase de recolección de requisitos para asegurar que podrán desplegar y gestionar la aplicación una vez desarrollada. La **cultura DevSecOps** extiende esta integración para incluir la seguridad desde las primeras etapas del ciclo de desarrollo.

Automatización y Pipelines de CI/CD

El enfoque de DevOps se centra en la **automatización** y las **pruebas continuas**. Su objetivo es mejorar la calidad general del software automatizando al máximo los procesos de desarrollo, construcción y despliegue. Muchas organizaciones implementan **pipelines de desarrollo (CI/CD)**. Cuando un desarrollador sube código al repositorio, se dispara un proceso automatizado que incluye pruebas, construcción del software y pruebas adicionales.

Esta estrategia asegura que las pruebas se completen antes del despliegue, evitando la prisa de desplegar mientras las pruebas aún están en curso. Aunque no todas las pruebas pueden ser automatizadas, los ciclos de desarrollo cortos en entornos DevOps permiten resolver errores rápidamente, facilitando su paso a producción. La automatización elimina el potencial de error humano, ya que los scripts y programas de automatización pueden ser probados a fondo para asegurar su correcto funcionamiento antes de su uso en producción.

Nuestra experiencia en la creación y gestión de **pipelines con GitLab, Azure DevOps y Bitbucket** nos permite implementar estas estrategias de automatización de manera efectiva, garantizando la integración continua, entrega continua y, lo más importante, la seguridad continua a lo largo de todo el SDLC.

Kubernetes y la Orquestación del SDLC

Pensando en el Ciclo de Vida Completo

Al desarrollar cualquier tipo de software, desde una aplicación completa hasta una API, es fundamental considerar el **ciclo de vida completo de la aplicación**, no solo la fase de codificación. Aquí es donde **Kubernetes** desempeña un papel crucial.

Integración Temprana de Kubernetes

La decisión de implementar Kubernetes como plataforma de orquestación debe tomarse desde las fases iniciales de recolección de requisitos. Esto no solo resuelve ciertos requisitos, sino que también introduce otros. Las aplicaciones rara vez están completamente definidas al inicio; su visión se construye a través de un proceso iterativo de requisitos. Al seleccionar Kubernetes de entrada, se orientan los esfuerzos de desarrollo hacia un entorno de contenedores, lo que significa que los equipos de desarrollo y operaciones saben desde el principio que trabajarán con un entorno virtualizado. Esto también implica una mayor comunicación y colaboración, ya que el equipo de operaciones será responsable de desplegar el proyecto, lo que incluye el desarrollo de scripts y configuraciones de orquestación gestionadas por Kubernetes. Es en este punto donde las prácticas de **DevOps y DevSecOps** se vuelven indispensables, un tema que se explorará con mayor detalle en capítulos posteriores.

Entornos de Prueba Consistentes con Kubernetes

Históricamente, uno de los mayores desafíos en las pruebas de software ha sido la diferencia entre los entornos de desarrollo y prueba. Los desarrolladores creaban software en sus sistemas, que a menudo estaban configurados de manera distinta a los entornos de prueba. **Kubernetes simplifica drásticamente las pruebas de aplicaciones contenerizadas** al garantizar que cada instancia del entorno de la aplicación sea idéntica en todo momento. Esto permite que los equipos de prueba trabajen en entornos que son réplicas exactas de los entornos de desarrollo, minimizando inconsistencias.

Al abstraer el sistema individual y virtualizar la aplicación, se obtiene el beneficio de que la aplicación se ejecuta en un espacio aislado, con solo los prerrequisitos y dependencias necesarios para su funcionamiento. Los equipos de operaciones llevan años buscando formas de facilitar su trabajo, desde la escritura de scripts para sistemas físicos, hasta la gestión de máquinas virtuales e infraestructuras complejas para aplicaciones web.

Despliegue y Post-Despliegue con Kubernetes

En las fases de despliegue y post-despliegue, Kubernetes apoya a los equipos de operaciones al proporcionar un marco de gestión integral. Este marco se encarga de la orquestación que antes se realizaba manualmente debido a la falta de recursos o conocimientos, incluyendo el aprovisionamiento de recursos de cómputo, almacenamiento y red. La decisión de usar Kubernetes puede tener un impacto muy positivo en el desarrollo de una aplicación, desde los requisitos iniciales hasta su operación continua. Por ello, es esencial que todos los miembros del equipo estén al tanto de los beneficios y los requisitos que implica el uso de esta herramienta.

Tabla 1 Conceptos Clave

Idea Principal / Concepto	Mejor Práctica / Tecnología / Herramienta / Estrategia
Ciclo de Vida del Desarrollo de Software (SDLC)	Adopción de Metodologías y Procesos: Reconocer la necesidad de metodologías específicas para el software para asegurar su eficiencia y calidad.
Valor de los Procesos (Metodologías)	Selección de Metodologías Adecuadas: Elegir la metodología que mejor se adapte a las necesidades y objetivos de la organización para lograr resultados óptimos. Ejemplos: Modelos iterativos y ágiles en contraste con el tradicional modelo en cascada.
DevOps	Implementación de la Cultura DevOps: Integrar a desarrolladores y operaciones desde las fases iniciales del proyecto. Automatización de Pipelines CI/CD: Utilizar herramientas como GitLab, Azure DevOps y Bitbucket para automatizar el desarrollo, construcción, pruebas y despliegue del software.
DevSecOps	Integración de Seguridad Temprana ("Shift Left"): Involucrar la seguridad desde la recopilación de requisitos y el diseño, no solo al final del ciclo.
Kubernetes	Adopción Estratégica de Contenerización: Seleccionar Kubernetes como plataforma de orquestación desde las fases iniciales del proyecto para aprovechar sus beneficios en todo el SDLC.

Conclusión del Capítulo: Orquestando el Éxito en el Desarrollo de Software

Este capítulo ha destacado que la gestión del Ciclo de Vida del Desarrollo de Software (SDLC) trasciende la simple suma de recursos; es una disciplina intelectual que exige metodologías específicas y una evolución constante. Hemos recorrido la importancia de la repetibilidad, la consistencia y la mejora de procesos como pilares para alcanzar la madurez organizacional y la excelencia en la entrega de software. La historia nos muestra que las metodologías han surgido para resolver problemas inherentes, y la elección adecuada es fundamental para optimizar la eficiencia y la calidad.

La adopción de DevOps representa un cambio cultural indispensable, superando las limitaciones de comunicación y la ineficiencia de los modelos tradicionales. Al integrar desarrollo y operaciones, y al priorizar la automatización y las pruebas continuas, las organizaciones pueden acelerar sus ciclos de despliegue y mejorar significativamente la calidad de sus productos. En esta evolución, la cultura DevSecOps emerge como un imperativo estratégico. No se trata solo de añadir seguridad al final, sino de integrarla desde las primeras fases del diseño y los requisitos, convirtiéndola en una responsabilidad compartida que se materializa a través de pipelines automatizados en plataformas como GitLab, Azure DevOps y Bitbucket. Esta integración temprana reduce drásticamente los costos y riesgos asociados a la corrección de vulnerabilidades en etapas avanzadas.

Finalmente, la contenerización con Kubernetes se posiciona como una estrategia de implementación crítica. Su capacidad para proporcionar entornos consistentes y aislados a lo largo de todo el SDLC, desde el desarrollo hasta la operación, simplifica las pruebas y automatiza la gestión de la infraestructura. La decisión de incorporar Kubernetes desde el inicio de un proyecto impacta positivamente en todas las fases, mejorando la eficiencia operativa y asegurando que las aplicaciones sean desplegables y gestionables desde su concepción.

En síntesis, la enseñanza clave es que la excelencia en el desarrollo de software hoy en día no es un accidente, sino el resultado de una adopción consciente de metodologías adaptativas, una cultura de colaboración integrada (DevSecOps) y la implementación estratégica de tecnologías de automatización y orquestación. Solo así se puede garantizar la entrega de valor de manera continua, segura y eficiente en un mercado que demanda velocidad y fiabilidad.

2 DISEÑOS ARQUITECTÓNICOS

En el dinámico panorama del desarrollo de software, las aplicaciones web se han transformado en entidades complejas, extendiendo las responsabilidades de las empresas más allá del código para abarcar las plataformas de entrega. Este capítulo explora la evolución desde los diseños tradicionales en capas (n-tier), influenciados por el patrón Modelo-Vista-Controlador (MVC), hacia la arquitectura orientada a servicios (SOA), un cambio que ha redefinido la forma en que se diseñan, entregan y aseguran las aplicaciones web. Analizaremos cómo este cambio de paradigma, impulsado por la adopción de servicios en la nube, ha allanado el camino para arquitecturas más modernas y flexibles, como el diseño nativo de la nube, donde la contenerización y herramientas como Kubernetes juegan un papel crucial en la gestión de la complejidad y la optimización de la seguridad.

Evolución de las Arquitecturas de Aplicaciones Web: De los Diseños Tradicionales a la Nube Nativa

Las **aplicaciones de software**, particularmente aquellas basadas en la web, son sistemas complejos compuestos por múltiples componentes. A diferencia de las aplicaciones nativas donde el usuario gestiona la plataforma, las empresas que desarrollan soluciones web asumen la responsabilidad integral de sus **plataformas de entrega**. Este capítulo profundiza en la evolución de los diseños de aplicaciones, desde los enfoques tradicionales de **diseño en capas (n-tier)** hasta la **Arquitectura Orientada a Servicios (SOA)**, y finalmente el **Diseño Nativo de la Nube**. Exploraremos cómo estos cambios han transformado no solo el desarrollo y la entrega, sino también la **postura de seguridad** y las estrategias de **gestión de TI**.

1. Diseño Tradicional de Aplicaciones

El **diseño en capas o n-tier** es un enfoque clásico donde los componentes de una aplicación se organizan en niveles definidos que se comunican de forma estructurada. Un ejemplo notable es el patrón **Modelo-Vista-Controlador (MVC)**, que separa las responsabilidades:

- **Modelo:** Gestiona los datos y la lógica de negocio subyacente de la aplicación.
- **Vista:** Se encarga de la presentación de la información al usuario.

- **Controlador:** Actúa como intermediario, extrayendo y transformando datos entre el modelo y la vista.

En aplicaciones web, este diseño a menudo se denomina arquitectura de tres o n capas. Un ejemplo tradicional de aplicación web (como el que se mostraría en una Figura 2-1) incluiría:

- **Capa de Presentación (Usuario/Cliente):** Interactúa con el usuario a través de un navegador web o red empresarial.
- **Balanceador de Carga:** Componente para distribuir las solicitudes, asegurando la **resiliencia** y manejando cargas elevadas. Su tarea es simple: canalizar el tráfico a un conjunto definido de servidores.
- **Servidor Web:** Entrega contenido estático y enruta solicitudes dinámicas.
- **Servidor de Aplicaciones:** Contiene la lógica de negocio, gestionando solicitudes dinámicas y la interacción con la base de datos. Comúnmente implementado con tecnologías como .NET o Java (JBoss, Oracle WebLogic, Apache Tomcat).
- **Servidor de Base de Datos:** Almacena los datos, usualmente en bases de datos relacionales, donde las tablas se interconectan para gestionar conjuntos de datos complejos.

Despliegue y Retos:

Históricamente, estas arquitecturas requerían sistemas individuales para cada capa, inicialmente en hardware físico y luego en **máquinas virtuales (VMs)**. Las VMs, definidas por software, permiten múltiples "sistemas" sobre un solo sistema operativo, optimizando costos de hardware. Sin embargo, la gestión de sistemas operativos, aplicaciones de soporte, actualizaciones, parches y la **configuración segura ("endurecimiento")** de cada VM representa un trabajo considerable y la necesidad de personal dedicado. Esta **complejidad y sobrecarga operativa** son las razones principales por las que las organizaciones migran de este diseño, especialmente en entornos de nube.

2. Arquitectura Orientada a Servicios (SOA)

El diseño tradicional ya empleaba múltiples servicios (servidor web, de aplicaciones, de base de datos) que colaboraban. **SOA** formaliza esta noción, descomponiendo la aplicación en servicios más pequeños y **expuestos**.

- **Bus de Servicios (Service Bus):** Un componente central de comunicación que gestiona el enrutamiento de mensajes entre servicios distribuidos. Esto permite que los servicios operen en sistemas separados, superando las limitaciones de las aplicaciones monolíticas.
- **Microservicios:** La implementación práctica de SOA a menudo se traduce en **APIs** y la deconstrucción de aplicaciones monolíticas en **microservicios**. Cada microservicio es una pieza de funcionalidad independiente que puede interactuar con otros, permitiendo la creación de múltiples aplicaciones a partir de un mismo conjunto de funciones.
- **Diseño por Contrato:** SOA promueve el **diseño por contrato**, donde cada método o función define sus expectativas (precondiciones y postcondiciones). Esto asegura que solo se envíen datos "correctos", mejorando las prácticas de programación y reduciendo la carga de validación en las funciones.

Al deconstruir la aplicación en servicios individuales, se reduce la dependencia de un gran número de servidores físicos o virtuales, y el foco se desplaza hacia la gestión de los componentes funcionales de la aplicación.

3. Diseño Nativo de la Nube (Cloud Native Design)

El **diseño nativo de la nube** capitaliza el desacoplamiento de servicios y servidores propuesto por SOA, llevando la virtualización un paso más allá al virtualizar aplicaciones completas en lugar de sistemas operativos completos.

- **Contenerización:** Un elemento central es el uso de **contenedores.** Estos virtualizan una aplicación, gestionando su interacción con el sistema operativo subyacente. Los contenedores etiquetan espacios de memoria, asegurando que una aplicación contenerizada solo pueda acceder a su espacio asignado, sin interactuar con la memoria del sistema operativo o de otras aplicaciones.
  - **Beneficios de Seguridad:** Un atacante que comprometa un contenedor solo obtendría acceso al espacio aislado de esa aplicación, con una vista muy limitada del sistema operativo subyacente, lo que mitiga el riesgo de compromiso total del sistema.
  - **Rapidez y Volatilidad:** Las aplicaciones contenerizadas se inician muy rápidamente. Esto permite que las instancias de contenedores existan solo el tiempo necesario para procesar una solicitud y luego desaparezcan, limitando la persistencia de un posible atacante.
- **Funciones sin Servidor (Serverless):** La virtualización puede llevarse al nivel de función, donde solo el código de una función existe y se ejecuta cuando es invocado. Proveedores como **Microsoft Azure, Google Cloud Platform (GCP)** y **Amazon Web Services (AWS)** ofrecen servicios **serverless** para desarrollar y desplegar aplicaciones, simplificando la gestión para profesionales de seguridad y administradores de sistemas.

4. Consideraciones de Gestión y Orquestación

El desacoplamiento de funciones, aplicaciones y servidores introduce una multiplicidad de **"piezas móviles"** que requieren coordinación y gestión eficientes.

- **Desafío de Coordinación:** La virtualización de aplicaciones y funciones acelera los despliegues y permite una respuesta rápida a la carga (demanda). Sin embargo, esto crea el desafío de mantener el contenido y la configuración de cada aplicación virtualizada. Las actualizaciones de contenido o de la aplicación requieren la capacidad de gestionar el ciclo de vida de los contenedores (destruirlos y reemplazarlos), para asegurar el control sobre la versión desplegada y evitar comportamientos inconsistentes.
- **Entornos de Ejecución de Contenedores: Docker** es una implementación común que proporciona la interfaz entre el sistema operativo y la aplicación virtualizada. Permite contenerizar aplicaciones propias o usar imágenes de repositorios como Docker Hub.
- **Orquestación de Contenedores:** Aunque herramientas como Docker, containerd o CRI-O gestionan contenedores individuales, se necesita software adicional para coordinar su despliegue y configuración a escala. **Kubernetes,** desarrollado por Google en 2014, es una plataforma de **orquestación** completa que gestiona el despliegue, el escalado y el ciclo de vida de aplicaciones contenerizadas. Ofrece capacidades para programar instancias y gestionar imágenes, brindando un control exhaustivo sobre los componentes de la aplicación.

- **Seguridad y APTs:** Una gestión adecuada de la contenerización y la orquestación con Kubernetes puede reducir la superficie de ataque, dificultando que amenazas persistentes avanzadas (APTs) se establezcan y permanezcan en el entorno durante largos periodos.

5. Diseño Nativo en la Nube con Kubernetes

El diseño nativo de la nube, con **Kubernetes** como su núcleo, se centra en la virtualización y la **respuesta a la demanda del usuario**.

- **Capacidad de Respuesta y Escalado:** Al contenerizar las aplicaciones, estas se inician rápidamente sin necesidad de arrancar un sistema operativo completo. Kubernetes permite el **escalado rápido**, lanzando nuevas instancias de componentes según la demanda, lo cual optimiza los costos en la computación en la nube.
- **Actualizaciones Simplificadas:** En un modelo de microservicios con múltiples componentes virtualizados, Kubernetes gestiona las actualizaciones de manera transparente para los usuarios. Puede reemplazar instancias de microservicios en segundo plano, asegurando que la última versión esté siempre disponible.
- **Eficiencia Económica:** Antes de la contenerización, la preparación para picos de demanda (como eventos de marketing masivo) requería una planificación y configuración manual intensiva de sistemas físicos o VMs. Con Kubernetes, una aplicación diseñada correctamente puede escalar automáticamente según la demanda sin trabajo adicional, resultando en un uso más eficiente y económico de los recursos.

Tabla 2 Conceptos, atributos y mejores prácticas de la industria DevSecOps

Concepto	Atributos principales	Mejores prácticas de la industria
Integración continua (CI)	Automatización de pruebas, integración de código frecuente, retroalimentación rápida	Automatizar pruebas de seguridad, integrar análisis de código estático y dinámico
Entrega continua (CD)	Despliegue automatizado, revisión de cambios, control de versiones	Desplegar en entornos controlados, aplicar validaciones de seguridad antes del despliegue
Automatización de seguridad	Escaneo de vulnerabilidades, gestión de dependencias, monitoreo continuo	Integrar herramientas de escaneo en el pipeline, mantener dependencias actualizadas
Gestión de configuraciones	Infraestructura como código, control de cambios, trazabilidad	Usar herramientas como Ansible, Terraform; auditar cambios y aplicar controles de acceso
Microservicios	Descomposición funcional, independencia de servicios, escalabilidad	Aislar servicios, aplicar autenticación y autorización entre servicios
Contenerización	Portabilidad, aislamiento, despliegue rápido	Utilizar imágenes mínimas, escanear imágenes, gestionar secretos fuera del contenedor
Orquestación (Kubernetes)	Escalabilidad automática, alta disponibilidad, gestión de ciclo de vida	Definir políticas de seguridad de red, restringir permisos, actualizar componentes frecuentemente
Monitoreo y registro	Observabilidad, alertas tempranas, trazabilidad de eventos	Centralizar logs, monitorear métricas críticas, responder a incidentes en tiempo real
Gestión de identidades	Control de acceso, autenticación multifactor, privilegios mínimos	Implementar roles y permisos granulares, rotar credenciales, usar autenticación federada
Respuesta a incidentes	Detección temprana, planes de contingencia, análisis forense	Definir procesos de respuesta, realizar simulacros, documentar lecciones aprendidas

Notas adicionales

- La automatización y la integración temprana de la seguridad en el ciclo de vida del software permiten detectar y corregir vulnerabilidades antes de que lleguen a producción.
- El uso de contenedores y orquestadores como Kubernetes favorece la escalabilidad y el control, pero requiere políticas estrictas de seguridad y

actualización constante de imágenes y dependencias.

- La gestión de identidades y accesos es clave para limitar el alcance de posibles ataques y reducir riesgos en entornos distribuidos.
- La observabilidad y el monitoreo continuo son esenciales para detectar comportamientos anómalos y responder rápidamente a incidentes

Esta tabla resume los pilares y prácticas que definen el enfoque DevSecOps en la industria actual, alineando desarrollo, operaciones y seguridad de manera colaborativa y automatizada.

Conclusión de Capítulo: Evolución Arquitectónica y Seguridad en Entornos Dinámicos

La transición desde modelos monolíticos (n-tier) hacia arquitecturas cloud-native representa un cambio de paradigma en el desarrollo de aplicaciones web. Este capítulo ha demostrado que:

La responsabilidad se ha expandido: Las organizaciones ya no solo desarrollan software; ahora gestionan plataformas de entrega completas, desde balanceadores de carga hasta servidores de bases de datos, con implicaciones críticas en seguridad y operaciones.

Este capítulo ha trazado la evolución fundamental de las arquitecturas de aplicaciones, destacando la complejidad inherente al desarrollo de soluciones web y la creciente responsabilidad que las organizaciones asumen sobre sus plataformas de entrega. Desde los diseños tradicionales n-tier y el patrón MVC, que establecieron las bases para la modularidad, hemos transitado hacia modelos más dinámicos y distribuidos, impulsados por la adopción de la nube.

La Arquitectura Orientada a Servicios (SOA) y su derivación en microservicios marcan un punto de inflexión. Al descomponer las aplicaciones en componentes funcionales más pequeños y exponerlos a través de APIs, las empresas ganan una agilidad y flexibilidad sin precedentes. Este cambio no solo optimiza el desarrollo, sino que también redefine la postura de seguridad, permitiendo la implementación de prácticas como el diseño por contrato, que promueven la calidad del código y la integridad de los datos.

El Diseño Nativo de la Nube, fundamentado en la contenerización y la orquestación, es el pináculo de esta evolución. La virtualización a nivel de aplicación mediante contenedores ofrece un aislamiento de seguridad mejorado y una capacidad de respuesta superior, permitiendo que las aplicaciones se inicien y escalen con una rapidez sin precedentes. Herramientas como Docker son esenciales para la contenerización, pero es Kubernetes quien proporciona la capacidad de orquestación y gestión integral, lo que resulta en una infraestructura automatizada, resiliente y altamente escalable.

La implementación de estas estrategias, alineadas con la cultura DevSecOps, es crucial para cualquier organización moderna. Significa ir más allá de las metodologías de desarrollo tradicionales e integrar la seguridad en cada etapa del ciclo de vida del software, desde la concepción hasta el despliegue. Las pipelines de CI/CD con plataformas como GitLab, Azure DevOps y Bitbucket son el motor que impulsa esta integración, automatizando las pruebas, el despliegue y la gestión de la seguridad.

En resumen, la capacidad de la empresa para responder rápidamente a la demanda, gestionar de forma eficiente sus operaciones y proteger sus activos digitales depende directamente de la adopción de estas prácticas y tecnologías avanzadas. Al comprender y aplicar estos principios de diseño y gestión, los líderes de TI pueden asegurar que sus infraestructuras y aplicaciones no solo satisfagan las necesidades actuales del negocio, sino que también estén preparadas para los desafíos futuros, minimizando riesgos y maximizando el valor.

La virtualización redefine la resiliencia:

Los contenedores (Docker, Kubernetes) y las funciones serverless (AWS Lambda, Azure Functions) minimizan superficies de ataque mediante aislamiento inherente.

Su naturaleza efímera neutraliza amenazas persistentes (APTs), limitando ventanas de exposición.

SOA y microservicios exigen nuevos controles:

El diseño por contrato y los service buses facilitan interoperabilidad, pero introducen vectores de ataque en APIs.

La orquestación (Kubernetes) no solo escala recursos, sino que debe escalar políticas de seguridad: segmentación de red, rotación de credenciales y gestión centralizada de secretos.

Enseñanza clave:

"La agilidad operacional en entornos cloud-native no es opcional; es estratégica. Sin embargo, su adopción demanda integrar seguridad desde el diseño (Shift Left), no como capa posterior."

Recomendaciones para Implementación Efectiva:

Automatización de gobernanza:

Incorpore escaneos SAST/DAST en tuberías CI/CD para contenedores y funciones serverless.

Valide configuraciones de IaC (Terraform, CloudFormation) contra benchmarks CIS antes de despliegues.

Gestión de ciclos de vida:

Implemente políticas de inmutabilidad: Reemplace contenedores en cada actualización; nunca los parchee en caliente.

Use registros firmados (Docker Notary) para garantizar procedencia de imágenes.

Monitorización proactiva:

Instrumente clústeres de Kubernetes con herramientas como Falco para detección de anomalías en tiempo real.

Establezca métricas SLO para tiempos de parcheo (ej.: vulnerabilidades críticas resueltas en <48h).

Llamado a la acción:

La convergencia entre desarrollo, operaciones y seguridad (DevSecOps) no es un "añadido"; es el núcleo de la resiliencia en arquitecturas modernas. Los líderes técnicos deben:

Priorizar cultura de responsabilidad compartida: Involucre equipos de seguridad en fases de diseño tempranas.

Adoptar herramientas de orquestación segura: Kubernetes no gestiona riesgos por sí solo; requiere políticas RBAC estrictas y Network Policies.

Optimizar costo-seguridad: En modelos serverless, la seguridad se traduce en menores superficies de ataque y menor exposición financiera ante incidentes.

La próxima generación de aplicaciones no competirá por funcionalidad, sino por confiabilidad intrínseca. Quienes integren DevSecOps en su ADN arquitectónico liderarán la innovación sin comprometer la fortaleza.

3 DEVOPS Y DEVSECOPS EN LA ERA DE LAS APLICACIONES WEB: UN IMPERATIVO CULTURAL Y TECNOLÓGICO

Las **aplicaciones web** han redefinido el panorama del desarrollo de software, transformando las expectativas sobre la **velocidad de despliegue** y la **responsabilidad de la infraestructura**. Este cambio ha impulsado la adopción de **DevOps** y **DevSecOps**, que no son meras metodologías, sino **culturas organizacionales** orientadas a la eficiencia y la seguridad. Este capítulo detalla los principios de DevOps, las diferencias clave con DevSecOps, y los **cambios culturales** y **estrategias de implementación** necesarios para integrar estas filosofías en una organización. Exploraremos cómo la automatización a través de **pipelines de CI/CD** en plataformas como **GitLab** y **Azure DevOps**, junto con la **contenerización** y la orquestación con **Kubernetes**, se convierten en herramientas esenciales para alcanzar la calidad, la velocidad y la seguridad en el desarrollo de software moderno.

1. DevOps: Agilidad y Automatización en el Desarrollo de Software

El paradigma tradicional de elegir solo dos entre "bueno, rápido y barato" ha sido desafiado por **DevOps**. Este enfoque prioriza la **calidad** y la **velocidad** en el desarrollo y despliegue de software, sin necesariamente implicar un mayor costo. La clave para lograr esta combinación es la **automatización** de tantos procesos como sea posible.

- **Automatización como Motor:** La automatización acelera la ejecución de tareas, pero también garantiza la calidad a través de la consistencia y repetibilidad de los procesos.
- **Gestión de Código Fuente:** Las culturas DevOps se centran en repositorios de código fuente distribuidos, como **Git**, que permiten a múltiples desarrolladores trabajar simultáneamente, gestionando los cambios de forma eficiente. Cuando se confirman los cambios en el repositorio principal, se inician procesos automatizados.
- **Proceso de Construcción:** El software se "construye" automáticamente, ya sea compilándose a un formato ejecutable o siendo revisado en lenguajes interpretados

para detectar errores de sintaxis.
- **Pruebas Automatizadas:** La automatización se extiende a las pruebas, donde los casos de prueba se desarrollan junto con la funcionalidad. Esto incluye pruebas funcionales y de casos de uso indebido. Los resultados se monitorean mediante paneles de control (dashboards) que proporcionan una visión instantánea de la salud del software.
- **Despliegue Continuo:** Una vez que el software pasa las fases de construcción y prueba, se despliega de forma automatizada. Esto puede implicar empaquetar los archivos necesarios o incluso la construcción de componentes como máquinas virtuales o contenedores.
- **Orquestación con Kubernetes:** Un sistema como **Kubernetes** es fundamental para gestionar el ciclo de vida completo de construcción y despliegue de aplicaciones contenerizadas, orquestando múltiples contenedores que componen la aplicación.

Beneficios de la Velocidad DevOps:

La capacidad de organizaciones como Etsy de realizar 50 despliegues al día ilustra las ventajas de esta velocidad:

- Los errores se corrigen y reemplazan rápidamente con código mejorado.
- Las nuevas funcionalidades se introducen de forma ágil, sin esperar ciclos de desarrollo extensos.
- Se logra una respuesta constante a las demandas de los usuarios y del mercado.

2. El Cambio Cultural en DevOps

DevOps es, ante todo, una **cultura** que requiere el compromiso de todo el equipo del proyecto. Sus dos elementos fundamentales son las **pruebas en todos los niveles** y la **automatización.**

- **Documentación de Procesos:** La automatización exige que los procesos estén documentados. Aunque esto puede ser un desafío para equipos acostumbrados a enfoques ad hoc, la formalización de los procesos es crucial para la consistencia y la calidad.
- **Reducción de Silos:** La velocidad en DevOps demanda una coordinación constante y una ruptura de los silos entre desarrolladores, operaciones y testers. Herramientas de comunicación como Slack facilitan la colaboración.
- **Cambios Incrementales:** DevOps fomenta un enfoque incremental en el desarrollo, típicamente utilizando prácticas **Ágiles**. Esto permite implementar cambios reimplementando solo un contenedor, en lugar de reconstruir y desplegar todo un sistema monolítico.
- **Velocidad y Comunicación:** La rapidez en DevOps hace que la coordinación y la comunicación sean críticas, requiriendo un flujo constante de información y retroalimentación entre todos los roles.

3. DevSecOps: Integrando la Seguridad desde el Inicio (Shifting Left)

DevSecOps es la evolución de DevOps que integra la seguridad a lo largo de **todo el ciclo de vida del desarrollo de software**, desde las fases más tempranas.

- **Seguridad en los Requisitos:** El momento más efectivo para introducir la seguridad es en la fase de requisitos, mediante técnicas como el **modelado de amenazas**. Corregir problemas en etapas posteriores incrementa exponencialmente los costos.
- **Seguridad en Diseño y Desarrollo:** Las amenazas identificadas deben abordarse durante el diseño y el desarrollo. Los desarrolladores deben seguir **prácticas de codificación segura** y ser capacitados en la creación de **casos de uso indebido** para garantizar la resiliencia del software ante datos maliciosos.
- **Seguridad en Pruebas:** Todas las mitigaciones de amenazas deben verificarse durante las pruebas, incluyendo pruebas de casos de uso indebido y de límites para asegurar una "falla segura".
- **Seguridad en el Despliegue:** En la fase de despliegue, es fundamental **"endurecer" (harden)** los sistemas y contenedores. Esto implica eliminar software y servicios innecesarios y controlar estrictamente los accesos para **limitar la superficie de ataque**.
- **Estrategia de Implementación:** Si bien lo ideal es empezar desde la fase de requisitos, puede ser más práctico iniciar la integración de seguridad desde las fases finales del ciclo (despliegue) e ir "desplazándose a la izquierda" progresivamente.
- **Resistencia y Beneficios:** Aunque algunos profesionales de seguridad pueden percibir que la velocidad de DevOps sacrifica la seguridad, en realidad, la agilidad en los despliegues permite corregir y lanzar mejoras de seguridad con mayor rapidez. Además, los entornos efímeros, como los contenedores, dificultan la persistencia de los atacantes.

4. DevSecOps con Kubernetes: Automatización para la Seguridad y Eficiencia

DevSecOps se beneficia enormemente de la automatización, eliminando el error humano y aportando consistencia. Aquí es donde **Kubernetes** se destaca como un componente crucial.

- **Automatización Consistente:** Kubernetes permite crear un plan de despliegue que se ejecuta de forma idéntica cada vez, garantizando la consistencia.
- **Simplificación de Infraestructura:** Al utilizar contenedores, muchas herramientas de **Infraestructura como Código (IaC)** más complejas pueden volverse innecesarias, ya que el sistema de gestión de contenedores define la aplicación y sus dependencias.
- **Reducción de la Complejidad:** Menos componentes y dependencias se traducen en una menor superficie de ataque y menos puntos de fallo, lo que mejora la seguridad.
- **Monitoreo y Resiliencia Automatizados:** Kubernetes monitorea

automáticamente el rendimiento y la salud de las aplicaciones, reemplazando contenedores defectuosos o añadiendo nuevas instancias según sea necesario. Esto permite a los equipos de desarrollo enfocarse en la funcionalidad de la aplicación, mientras Kubernetes gestiona los aspectos operativos.

Notas Críticas:

La evolución hacia DevOps y DevSecOps en entornos web no es solo una mejora operativa; es una redefinición estratégica de cómo equilibramos velocidad, seguridad y resiliencia. Estas notas destilan desafíos centrales y soluciones validadas por la industria:

Velocidad vs. Seguridad:

- *Contexto*: La capacidad de despliegues frecuentes (ej: 50/día en Etsy) exige automatización rigurosa. Pero sin controles integrados, la rapidez genera riesgos.
- *Solución DevSecOps*: **Las pruebas SAST/DAST en pipelines CI/CD convierten la velocidad en ventaja de seguridad**, permitiendo parchear vulnerabilidades antes de llegar a producción.

Kubernetes como Facilitador:

- *Contexto*: La orquestación tradicional (Ansible/Puppet) añade complejidad en entornos dinámicos.
- *Cambio clave*: **Kubernetes unifica gestión de contenedores, infraestructura y seguridad**:
  - *Network Policies*: Segmentación de redes sin herramientas adicionales.
  - *Inmutabilidad*: Contenedores reemplazados (no modificados) en cada actualización.

Reducción de Riesgos Proactiva:

- *Amenazas persistentes (APTs)*: En sistemas tradicionales, los atacantes permanecen años sin detectarse.
- *Ventaja DevSecOps*: **Contenedores efímeros y auto-reparables limitan la exposición**. Un ataque exitoso se anula al reiniciar el contenedor.

Indicadores Clave:

- *Por qué importan*: **Transforman principios abstractos en métricas accionables**:
  - Tiempo de parcheo <48h: Detecta madurez en respuesta a vulnerabilidades.
  - SLOs de disponibilidad 99.95%: Valida que seguridad no compromete rendimiento.

Hilo conductor:

Estas notas exponen cómo DevOps/DevSecOps convierte tensiones históricas (velocidad vs. seguridad) en oportunidades mediante automatización inteligente, cultura colaborativa y arquitecturas nativas de la nube. La tabla siguiente operacionaliza estos conceptos.

Conclusión de Capítulo: Un Cambio de Paradigma en TI

Introducir **DevOps** y **DevSecOps** en una organización representa un cambio cultural significativo. Requiere el compromiso de todo el equipo con la velocidad, la calidad y la seguridad del desarrollo a través de la **automatización exhaustiva**.

Las **herramientas de CI/CD** (GitLab, Azure DevOps) son fundamentales para automatizar el ciclo de vida, desde el repositorio de código fuente hasta el despliegue. La decisión entre "mascotas" (sistemas persistentes) y "ganado" (recursos efímeros y virtualizados) es clave, y **Kubernetes** facilita esta migración, asegurando la consistencia y seguridad.

Mantener la seguridad a lo largo de todo el SDLC es un desafío, pero también una ventaja competitiva. Los profesionales de seguridad deben reconocer que las **actualizaciones frecuentes, la automatización de pruebas y despliegues, y los entornos efímeros (contenerización)** no sacrifican la seguridad, sino que la fortalecen al reducir la ventana de oportunidad para los atacantes. Kubernetes, al habilitar la automatización, gestionar actualizaciones y mejorar la resiliencia, es un complemento estratégico para la cultura DevSecOps, elevando la seguridad y la experiencia del usuario.

La evolución del desarrollo de software hacia entornos dinámicos, distribuidos y altamente automatizados ha consolidado a DevOps y DevSecOps como pilares esenciales para lograr velocidad, calidad y seguridad en la entrega continua de valor. Este capítulo ha evidenciado que no se trata simplemente de adoptar herramientas, sino de transformar profundamente la cultura organizacional. La colaboración transversal, la automatización rigurosa y la integración temprana de la seguridad ya no son opcionales, sino condiciones necesarias para competir en un entorno digital acelerado.

La adopción efectiva de DevSecOps exige romper silos entre desarrollo, operaciones y seguridad, y asumir colectivamente la responsabilidad por la calidad y la protección del software desde la fase de requisitos hasta el despliegue y monitoreo en producción. Esta sinergia solo es posible mediante prácticas ágiles, uso de contenedores, pipelines automatizados y tecnologías de orquestación como Kubernetes, que permiten desplegar aplicaciones resilientes, replicables y seguras en todo momento.

A las organizaciones que aspiran a una transformación digital sostenible, se les recomienda:

- Impulsar el cambio cultural desde la alta dirección, respaldando la colaboración entre equipos y promoviendo la seguridad como parte del ADN del desarrollo.

- Automatizar todo lo que sea posible, desde la construcción hasta las pruebas y el despliegue, para mejorar la calidad, reducir errores y acelerar la entrega.

- Adoptar contenedores y Kubernetes desde el diseño, para garantizar entornos homogéneos, replicables y con menor exposición a riesgos operativos.

- Incluir prácticas de seguridad desde los requisitos, integrando modelado de amenazas, codificación segura y pruebas automatizadas como pasos naturales del ciclo de vida.

- Capacitar a todos los miembros del equipo en conceptos de DevSecOps, para asegurar una comprensión compartida y una ejecución alineada.

En resumen, DevSecOps no es una simple evolución técnica, sino una estrategia de modernización profunda. Aquellas organizaciones que abracen esta filosofía con convicción, visión y disciplina estarán mejor posicionadas para ofrecer soluciones seguras, escalables y adaptables a las demandas del mercado actual.

4 LA SEGURIDAD

En el panorama digital actual, la exposición constante a ciberamenazas —desde filtración de datos hasta ransomware— exige una transformación estratégica en la gestión de seguridad. Las organizaciones enfrentan adversarios sofisticados que explotan vulnerabilidades en software, configuraciones o conductas humanas, poniendo en riesgo activos críticos y la confianza de clientes y empleados.

Este análisis aborda la seguridad desde la tríada CIA (Confidencialidad, Integridad, Disponibilidad), desglosando ataques como phishing, APT (Advanced Persistent Threat) y DDoS, junto con vectores de amenaza internos y externos. Se integran principios de DevSecOps para fortalecer pipelines en GitLab o Azure DevOps, priorizando controles proactivos: cifrado robusto, RBAC (Role-Based Access Control) e inmutabilidad de contenedores. La propuesta subraya que la defensa efectiva depende de una cultura donde ingenieros y líderes asuman responsabilidad compartida, automatizando respuestas y validando integridad mediante checksums y auditorías continuas.

En la era digital actual, los incidentes de seguridad son una constante noticia, evidenciando la vulnerabilidad de organizaciones de todos los tamaños ante ataques que explotan debilidades en el software y configuraciones. Proteger los activos valiosos y la información sensible se ha convertido en una prioridad ineludible para las empresas que operan en un entorno globalmente conectado. Este capítulo se adentra en el complejo panorama de la seguridad cibernética, explicando los diversos tipos de ataques, los adversarios que los orquestan, y la importancia crítica de la seguridad en la ingeniería de software. A través de este análisis, se destacará cómo la cultura DevSecOps y las estrategias de implementación modernas, apoyadas por pipelines de CI/CD con herramientas como GitLab y Azure DevOps, son esenciales para construir defensas efectivas y mantener la resiliencia operativa frente a las amenazas persistentes.

La velocidad con la que las organizaciones deben responder a las demandas del mercado exige una transformación profunda en la forma de desarrollar, desplegar y asegurar aplicaciones. Ya no basta con entregar software funcional; es imperativo hacerlo de forma continua, segura y con alta calidad. En este contexto, DevOps ha emergido como un enfoque integral que unifica desarrollo y operaciones, derribando barreras históricas y promoviendo la automatización como catalizador de eficiencia. Pero a medida que la superficie de ataque se expande y la exposición a amenazas crece, surge la necesidad de llevar esta filosofía un paso más allá.

DevSecOps representa esta evolución natural, integrando la seguridad de manera transversal desde las primeras fases del ciclo de vida del software. No se trata únicamente de agregar controles al final del proceso, sino de transformar la seguridad en un componente cultural, automatizado y continuo dentro de los flujos DevOps.

Este capítulo explorará las bases conceptuales de DevOps y su transición hacia DevSecOps, destacando cómo las prácticas modernas, apoyadas en herramientas como Kubernetes y metodologías Ágiles, permiten entregar valor de forma segura y sostenida. Asimismo, se abordarán los desafíos culturales, técnicos y organizacionales que las empresas deben enfrentar para implementar con éxito estas estrategias, ofreciendo un marco práctico para su adopción efectiva.

Seguridad en la Era Digital: Un Análisis Integral de Amenazas y Defensas

Los incidentes de seguridad cibernética dominan los titulares, afectando desde grandes corporaciones hasta servicios gubernamentales vitales. La filtración de datos y los ataques de ransomware son solo la punta del iceberg de una problemática impulsada por vulnerabilidades en el software y configuraciones deficientes. En un mundo donde los servicios están constantemente expuestos a internet, la protección de los activos digitales se ha vuelto una tarea cada vez más compleja y crucial.

Exploraremos el panorama de la seguridad de la información, detallando los tipos de ataques más prevalentes, los adversarios que los orquestan, y la trascendental importancia de implementar buenas prácticas de higiene en seguridad en la ingeniería de software. A lo largo de esta discusión, enfatizaremos cómo una cultura DevSecOps, respaldada por estrategias de implementación efectivas y la automatización a través de pipelines de CI/CD con herramientas como GitLab y Azure DevOps, es indispensable para proteger la confidencialidad, integridad y disponibilidad de los datos y sistemas, garantizando así la resiliencia operativa de su organización.

1. Tipos de Ataques y su Impacto

Los ataques cibernéticos se manifiestan de diversas formas, cada una con un objetivo específico y consecuencias potenciales significativas.

- Ataques Comunes: Incluyen el phishing (suplantación de identidad) para obtener credenciales, amenazas persistentes avanzadas (APT) para la recolección prolongada de información, y ataques de denegación de servicio (DoS).
- Ataques Dirigidos vs. Propagación Masiva: Algunos ataques son altamente dirigidos, donde los adversarios invierten tiempo considerable en identificar vulnerabilidades específicas de una organización. Otros buscan comprometer la

mayor cantidad de sistemas posible a través de la propagación de virus para crear botnets. Estas redes de sistemas comprometidos se usan para fines maliciosos como la minería de criptomonedas, el envío masivo de spam o la orquestación de ataques distribuidos de denegación de servicio (DDoS).

- Daño Colateral: Las organizaciones pueden sufrir daños colaterales si un socio o proveedor es atacado, lo que subraya la interconexión de la seguridad en la cadena de valor digital.
- La Lucha Constante: La naturaleza cambiante de los ataques exige que los equipos de ingeniería cuenten con las herramientas y habilidades para mantener la seguridad de los productos y servicios en todo momento.

2. La Tríada CIA: Fundamentos de la Seguridad de la Información

La política de seguridad de una organización debe cimentarse en tres principios esenciales de la seguridad de la información: Confidencialidad, Integridad y Disponibilidad (CIA). Un cuarto elemento, la confianza, también es crucial, ya que su explotación a menudo impacta directamente en los otros tres.

2.1. Ataques a la Confidencialidad

La confidencialidad se refiere a la protección de los datos sensibles contra el acceso no autorizado. En la era digital, nuestra información personal y de negocio reside en múltiples plataformas, y las violaciones de datos son frecuentes, exponiendo credenciales, información financiera y datos privados (ej. caso de redes sociales con fines comerciales y políticos).

- Responsabilidad Compartida: La responsabilidad de proteger la confidencialidad recae en el equipo de ingeniería, que desarrolla, configura entornos y administra bases de datos, así como en el liderazgo técnico de la organización, que proporciona la financiación y gobernanza.
- Gestión de Claves y Cifrado: Es crucial una política de gestión de claves efectiva para cifrar y descifrar datos. Se recomienda utilizar algoritmos de cifrado estándar y públicamente disponibles, evitando la creación de algoritmos propios.
- Clasificación de Datos: Clasificar los datos por sensibilidad permite optimizar el equilibrio entre rendimiento y cifrado, concentrando los esfuerzos en los datos más restringidos.
- Protección de Artefactos Críticos: La confidencialidad no solo abarca los datos de usuarios, sino también artefactos organizacionales como contraseñas del sistema, código fuente, archivos de configuración e información de infraestructura.
- Gestión de Acceso Privilegiado (PAM): Los sistemas PAM están diseñados para gestionar credenciales de corta duración o de un solo uso, controlando el acceso privilegiado y previniendo que los atacantes lo obtengan. Los ingenieros deben evitar compartir credenciales privilegiadas.
- Control de Acceso Basado en Roles (RBAC): RBAC define roles con accesos específicos a recursos, asegurando que solo los equipos e individuos autorizados accedan a la información confidencial (ej. desarrolladores con acceso de escritura a

repositorios, testers con solo lectura). Un uso inadecuado de repositorios públicos puede aumentar el riesgo si no se configura para limitar el acceso.

2.2. Ataques a la Integridad

La integridad implica asegurar que los datos se comporten de forma controlada y predecible, y que no sean alterados de forma no autorizada, ya sea en tránsito o en reposo.

- Impacto de la Manipulación de Datos: La alteración de datos puede tener consecuencias financieras (ej. cambio de dirección de entrega en una transacción) o reputacionales (ej. reemplazo de archivos con contenido malicioso).
- Controles para la Integridad:
- Objetos Inmutables: Crear objetos que no pueden ser modificados reduce el riesgo de interceptación y alteración de datos.
- Contenedores Inalterables: En un entorno DevOps, los ingenieros deben asegurar que los contenedores se mantengan inalterables durante su ciclo de vida y evitar el acceso remoto a estos.
- Automatización del Pipeline CI/CD: Todos los cambios deben entregarse a través de pipelines de CI/CD automatizados, que deben ser auditados y registrados. Esto permite identificar cambios no autorizados.
- Valores Hash (Checksums): Generar y comparar valores hash de archivos (checksums) permite verificar la integridad de los datos descargados, asegurando que no han sido manipulados.

2.3. Ataques a la Disponibilidad

La disponibilidad se refiere a la capacidad de los servicios en línea de estar accesibles bajo demanda, en todo momento. La interrupción del servicio puede tener graves consecuencias financieras y para la reputación de una organización.

- Expectativa del Consumidor: Los consumidores esperan servicios 24/7 sin interrupciones.
- Impacto Financiero: La falta de disponibilidad afecta directamente los ingresos, ya sean por ventas directas o publicidad.
- Ataques DDoS: Los ataques DDoS buscan sobrecargar un servicio con solicitudes falsas, impidiendo el procesamiento de solicitudes legítimas. Los atacantes a menudo usan botnets para orquestar estos ataques.
- Defensas: Incluyen firewalls con almacenamiento en caché y la implementación de controles en las capas del modelo OSI por parte de desarrolladores y operadores.
- Ransomware: Un tipo de ataque de disponibilidad que cifra archivos en el entorno objetivo (aplicaciones, configuraciones, bases de datos) exigiendo un rescate (usualmente en Bitcoin) para descifrarlos. Pueden causar daños permanentes e invalidar mecanismos de continuidad del negocio.
- Defacing (Desfiguración de Sitios): Algunos hackers alteran el contenido de una página web con fines políticos o de vergüenza.
- Controles DevOps: Un equipo de ingeniería DevOps debe considerar buenas

prácticas de codificación (validación, gestión de memoria) y operativas (balanceo de carga, firewalls, gestión de recursos) para defenderse contra estos ataques.

3. La Confianza en la Seguridad

La confianza es un requisito general que subyace a la confidencialidad, integridad y disponibilidad. Los atacantes buscan obtener acceso a recursos confiables para moverse entre dominios de seguridad.

- Métodos de Explotación: Los hackers rompen contraseñas privilegiadas, falsifican certificados y explotan la ingeniería social (phishing) para engañar a los usuarios y obtener credenciales.
- No Repudio: Los hackers también intentan ocultar sus huellas, negando su participación en actividades maliciosas (no repudio).
- Estrategia de Defensa: La protección de la confianza debe ser un componente clave de la política de seguridad de la organización.

4. Adversarios y sus Armas

Conocer al adversario es fundamental para construir una defensa efectiva. Existen varios tipos de atacantes, cada uno con motivaciones y técnicas distintas.

4.1. Amenaza Interna

Un riesgo significativo proviene de empleados, actuales o exempleados, que deliberadamente sabotean sistemas.

- Motivaciones: Pueden incluir terminación de empleo, revisiones de desempeño percibidas como injustas o empleados descontentos.
- Dificultad de Defensa: Estos ataques son difíciles de mitigar debido al conocimiento interno del atacante sobre la infraestructura y sus debilidades.
- Controles DevOps:
- Telemetría y Monitoreo: DevOps promueve el uso de telemetría para detectar comportamientos sospechosos (ej. cambios de contraseñas administrativas fuera de ciclo, intentos de promover código no autorizado).
- Revisiones de Código: Las revisiones de código pueden detectar puertas traseras.
- Automatización de Cambios: La automatización asegura que todos los cambios en producción se manejen exclusivamente por procesos verificados y revisados por pares, reduciendo el riesgo de errores manuales intencionales o accidentales (síndrome del empleado gordo). Los cambios automatizados son más fáciles de revertir.
- Amenazas No Intencionales: Empleados que caen víctimas de ingeniería social o phishing también representan una amenaza interna no intencional. La educación del personal es un control efectivo.

4.2. Hacker Malicioso

Según el NIST, un hacker malicioso es un individuo o grupo que usa sus conocimientos para acceder ilegalmente a sistemas, causar daño o robar información.

- Motivaciones: Van desde actores respaldados por gobiernos, hasta grupos criminales con fines financieros o de interrupción, espías industriales que buscan propiedad intelectual, y operadores de spam/phishing/botnets.
- Técnicas: Los hackers usan técnicas encadenadas:
- Elevación de Privilegios y Pivoting: Una vez que obtienen acceso inicial, buscan elevar privilegios para moverse lateralmente ("pivoting") entre máquinas en la red.
- Instalación de Malware y Exfiltración: Instalan malware, exfiltran archivos y buscan vulnerabilidades.
- Defensa en Profundidad: Los ingenieros DevOps deben implementar una defensa en profundidad, proporcionando múltiples capas de control. Las tres capas de DevSecOps (capacitación de ingenieros, buenas prácticas de codificación, identificación y corrección rápida de vulnerabilidades) son clave.

4.3. Armas de un Hacker

Las herramientas de los hackers se clasifican en cuatro fases básicas de ataque:

- **Reconocimiento (OSINT)**: Recopilación de información pública sobre la organización (redes sociales, motores de búsqueda, Whois, ingeniería social). Los controles incluyen sistemas de monitoreo y alertas, y programas educativos para empleados.
- **Escaneo**: Uso de herramientas de escaneo de redes, puertos y vulnerabilidades para identificar direcciones IP, puertos abiertos y debilidades conocidas en aplicaciones y servicios.
- **Explotación y Armamento**: Despliegue de herramientas especializadas (escáneres, gusanos, troyanos) para explotar debilidades, descifrar contraseñas, obtener información y establecer canales de comunicación. Herramientas de código abierto como las disponibles en Kali Linux son comunes.
- **Controles**: El parcheo constante y la monitorización son defensas clave.
- **Control y Gestión**: Establecimiento de persistencia y manipulación de registros para ocultar actividades.

DevOps y la Mitigación de Vulnerabilidades:

Las prácticas DevOps son efectivas contra vulnerabilidades comunes, al permitir la aplicación rápida de parches a software propio y de terceros con mínima interrupción.

Vulnerabilidades de Día Cero: Para vulnerabilidades desconocidas, DevOps permite una respuesta rápida mediante la sustitución de componentes afectados o la eliminación temporal de funcionalidades hasta que un parche esté disponible, reduciendo el tiempo de exposición al riesgo.

Table 3 Estrategias de Seguridad en DevSecOps

Categoría	Elemento Clave	Riesgo/Impacto	Controles DevSecOps
Tríada CIA	**Confidencialidad**	Exposición de datos sensibles (ej. credenciales, tarjetas de crédito).	Cifrado estándar (no algoritmos propios).
			Gestión de claves robusta.
			RBAC para acceso restringido.
	Integridad	Manipulación de datos (ej. alteración de transacciones, archivos maliciosos).	Objetos inmutables.
			Automatización de cambios (CI/CD).
			Verificación con checksums (ej. SHA).
	Disponibilidad	Interrupción de servicios (ej. DDoS, ransomware).	Balanceo de carga y firewalls.
			Planes de contingencia para ataques.
			Copias de seguridad probadas.
Tipos de Ataques	**Dirigidos**	Ataques prolongados contra objetivos específicos (ej. APT).	Monitorización continua.
			Parcheo ágil de vulnerabilidades.
	No Dirigidos	Infecciones masivas (ej. botnets para minar criptomonedas).	Escaneo proactivo de vulnerabilidades.
			Actualización automática de dependencias.
Adversarios	**Amenazas Internas**	Sabotaje por empleados (ej. eliminación de pruebas, acceso no autorizado).	Eliminación inmediata de accesos al desvincular.
			Telemetría para detectar anomalías.
			Revisiones de código.
	Hackers Maliciosos	Explotación con fines económicos, políticos o disruptivos.	Defensa en profundidad (múltiples capas).
			Educación en ingeniería social.
			Hardening de sistemas.
Armas de Ataque	**Reconocimiento (OSINT)**	Recopilación de información pública (ej. redes sociales, WHOIS).	Monitorización de fugas de datos.
			Programas de concienciación para empleados.

Categoría	Elemento Clave	Riesgo/Impacto	Controles DevSecOps
Tríada CIA	**Confidencialidad**	Exposición de datos sensibles (ej. credenciales, tarjetas de crédito).	Cifrado estándar (no algoritmos propios).
	Explotación	Uso de vulnerabilidades conocidas o *zero-day*.	Parcheo rápido mediante pipelines CI/CD.
			Sustitución de bibliotecas vulnerables.
Prácticas Clave	**Automatización**	Errores manuales en configuración o despliegues.	Cambios solo vía CI/CD.
			Reversión automática en fallos.
	Inmutabilidad	Modificación maliciosa de contenedores o servidores.	Contenedores inalterables en producción.
	Gestión de Accesos	Exposición de secretos o datos por permisos excesivos.	Acceso remoto bloqueado.

Conclusión del Capítulo: Fortaleciendo la Seguridad en la Era DevSecOps

Los incidentes de seguridad digital son una constante ineludible, con filtraciones de datos y ataques de ransomware impactando a organizaciones de todos los sectores. Este capítulo ha desglosado la naturaleza multifacética de estas amenazas, desde el **phishing** y las **APTs** hasta los **ataques DDoS** y el **ransomware**, revelando que las vulnerabilidades en el software y las configuraciones deficientes son los principales vectores de ataque. Hemos establecido que la seguridad no es un tema secundario, sino un pilar central que exige una **higiene digital impecable** y un compromiso organizacional.

La base de una estrategia de defensa efectiva se asienta en la **Tríada CIA: Confidencialidad, Integridad y Disponibilidad**, complementada por el elemento crucial de la **confianza.** Proteger la información sensible, asegurar que los datos no sean manipulados y garantizar la accesibilidad de los servicios son principios irrenunciables.

Hemos visto cómo las amenazas internas y externas —desde empleados descontentos hasta ciberdelincuentes sofisticados y actores estatales— buscan explotar estas dimensiones. Su persistencia y el uso de un arsenal de herramientas demandan una **defensa en profundidad** que abarque todas las fases del ciclo de vida del software.

Aquí es donde la **cultura DevSecOps** se convierte en un imperativo estratégico. DevSecOps va más allá de la mera integración de seguridad; redefine la responsabilidad de proteger los activos digitales como una tarea colectiva que se inicia desde la fase de **requisitos** y se mantiene a lo largo del **diseño, desarrollo, pruebas y despliegue**. La **automatización** inherente a los **pipelines de CI/CD** —gestionados con plataformas como **GitLab** y **Azure DevOps**— es clave para esta integración, permitiendo la detección temprana de vulnerabilidades, la aplicación ágil de parches y la mitigación efectiva de amenazas, incluidas las de día cero.

Para una implementación efectiva de DevSecOps, los líderes y profesionales de TI deben:

1. **Fomentar una Cultura de Seguridad Compartida:** La seguridad es responsabilidad de todos, no solo de un equipo especializado. Esto implica capacitación continua y la ruptura de silos organizacionales para asegurar una comunicación fluida y una mentalidad proactiva.
2. **Automatizar la Seguridad en el Pipeline:** Integrar herramientas de seguridad automatizadas en cada etapa del **SDLC**. Desde el análisis estático de código hasta las pruebas de penetración automatizadas en los entornos de despliegue, la automatización reduce el error humano y acelera la detección y remediación de vulnerabilidades.
3. **Adoptar la Contenerización y Orquestación:** El uso de **contenedores** (ej., Docker) y plataformas de orquestación como **Kubernetes** es una estrategia transformadora. Facilita la creación de entornos inmutables y efímeros, lo que no solo mejora la eficiencia operativa y la escalabilidad, sino que también limita la persistencia de los atacantes y simplifica la gestión de actualizaciones de seguridad.
4. **Priorizar la Visibilidad y el Monitoreo:** Implementar sistemas robustos de telemetría y monitoreo para detectar comportamientos anómalos y responder rápidamente a incidentes, tanto internos como externos.

La seguridad en la era digital es un desafío constante impulsado por adversarios internos y externos con diversas motivaciones. La exposición de información confidencial, la alteración de la integridad de los datos y la afectación de la disponibilidad de los servicios son objetivos comunes. La comunidad de atacantes está organizada y utiliza un arsenal de herramientas sofisticadas.

Es la responsabilidad colectiva de todos los miembros de una organización DevOps proteger los activos propios y de los clientes. Esto se logra mediante una estrategia de defensa multifacética que se cimenta en la confidencialidad, integridad y disponibilidad (CIA), y que incorpora la confianza como un pilar transversal.

La implementación efectiva de la cultura DevSecOps es esencial, integrando la seguridad desde la fase de requisitos y manteniéndola presente en cada etapa del ciclo de vida del desarrollo. Las pipelines de CI/CD (con herramientas como GitLab y Azure DevOps) y la contenerización orquestada por Kubernetes no solo aceleran el despliegue y mejoran la calidad, sino que también fortalecen la postura de seguridad. La capacidad de automatizar actualizaciones, mantener entornos efímeros y reducir la superficie de ataque intrínsecamente mejora la resiliencia contra las amenazas.

Los profesionales de seguridad deben adoptar una mentalidad que reconozca cómo la velocidad y la automatización inherentes a DevOps y DevSecOps contribuyen activamente a una seguridad más robusta, permitiendo una respuesta ágil y efectiva a un panorama de amenazas en constante evolución.

En definitiva, la seguridad en el desarrollo de software ya no puede ser un componente añadido tardíamente o una preocupación aislada. Es una **ventaja competitiva** que se construye a través de una **cultura DevSecOps** bien ejecutada, apoyada por una **estrategia de automatización** continua y el **uso inteligente de tecnologías emergentes**. Los equipos que abrazan este enfoque no solo protegen sus activos y la confianza de sus clientes, sino que también innovan con mayor velocidad y resiliencia en un mundo digital en constante evolución.

5 DEVOPS Y DEVSECOPS

En el vertiginoso escenario de la transformación digital, donde la velocidad de innovación y la entrega de software se han convertido en el principal motor de valor empresarial, las metodologías de desarrollo han tenido que evolucionar drásticamente. La adopción inicial de una cultura DevOps representó un avance monumental, derribando las barreras históricas entre los equipos de desarrollo (Dev) y operaciones (Ops) para crear un flujo de trabajo unificado y altamente automatizado. Este enfoque permitió a las organizaciones acelerar radicalmente sus ciclos de lanzamiento, respondiendo con una agilidad sin precedentes a las demandas del mercado. Sin embargo, esta aceleración expuso una vulnerabilidad crítica en el modelo: la seguridad, a menudo tratada como una etapa final y un cuello de botella, no podía seguir el ritmo, generando un riesgo inaceptable en un panorama de amenazas cibernéticas cada vez más sofisticado.

Es en este contexto donde DevSecOps emerge, no como una simple extensión, sino como la maduración indispensable de la filosofía DevOps. Esta perspectiva postula una verdad fundamental: la seguridad no puede ser una ocurrencia tardía ni la responsabilidad exclusiva de un equipo aislado. Para lograr un desarrollo verdaderamente ágil y robusto, la seguridad debe ser un componente integral, automatizado y una responsabilidad compartida por todos los involucrados en el ciclo de vida del desarrollo de software (SDLC). El principio rector es el "desplazamiento a la izquierda" (Shifting Left), una estrategia proactiva que consiste en integrar las prácticas y herramientas de seguridad desde las fases más tempranas del proceso, como la definición de requisitos y el diseño, en lugar de esperar a las pruebas finales o al despliegue.

Este cambio paradigmático va más allá de la simple implementación de herramientas; exige una profunda transformación cultural. Se trata de empoderar a los desarrolladores con el conocimiento y las herramientas para escribir código seguro desde el inicio, automatizar las validaciones de seguridad directamente en los pipelines de CI/CD —utilizando plataformas como GitLab o Azure DevOps— y concebir la seguridad como un habilitador de la velocidad, no como un freno. Al hacerla omnipresente y automatizada, se reduce la fricción, se detectan vulnerabilidades cuando son más fáciles y económicas de corregir, y se fortalece la resiliencia sistémica. El siguiente análisis profundiza en las estrategias culturales, tácticas y tecnológicas para consolidar una cultura DevSecOps efectiva, demostrando cómo la integración de la seguridad desde el núcleo del desarrollo se convierte en la máxima ventaja estratégica para la entrega de productos digitales confiables y de alta calidad.

Análisis Estratégico de DevSecOps: Cultura, Automatización y Arquitectura

1. El Imperativo Estratégico: De la Velocidad de DevOps a la Resiliencia de DevSecOps

El auge de las aplicaciones web ha sido el catalizador de una transformación fundamental en el desarrollo de software. Cuando la entrega se realiza a través de la web, la cadencia de despliegue puede, y debe, acelerarse drásticamente en comparación con los ciclos tradicionales de meses. Esta velocidad impone una carga operativa significativa, ya que el equipo de operaciones asume la responsabilidad del despliegue y mantenimiento continuo. Como respuesta, DevOps emergió como un conjunto de prácticas para fusionar desarrollo y operaciones, buscando un equilibrio entre velocidad y calidad que desafía el viejo adagio de que solo se pueden elegir dos de tres ("bueno, rápido o barato").

Sin embargo, la velocidad por sí sola es una ventaja incompleta. DevSecOps nace de este entendimiento, impulsado también por los entornos de aplicaciones web, pero con una misión más crítica: integrar la seguridad en el ADN del proceso. Es simplista afirmar que DevSecOps consiste únicamente en "añadir" seguridad a DevOps. La seguridad es, en sí misma, una cultura compleja y no un simple conjunto de tareas. La verdadera implementación de DevSecOps radica en la introducción de prácticas de seguridad a lo largo de *todo* el ciclo de vida del desarrollo, convirtiéndola en una responsabilidad compartida y un habilitador de la confianza del negocio.

2. El Fundamento: La Transformación Cultural hacia la Responsabilidad Compartida

DevOps, en su núcleo, es una cultura que requiere un compromiso total del equipo con la calidad y la velocidad. Dos de sus pilares fundamentales son las pruebas exhaustivas en todos los niveles y una automatización implacable. La automatización, a su vez, exige que los procesos estén rigurosamente documentados, típicamente en scripts, lo cual representa un desafío para equipos acostumbrados a trabajar de manera ad hoc. Sin embargo, operar sin documentación es un obstáculo para la calidad y la consistencia. Al documentar para automatizar, un proceso se vuelve repetible, comprobable y, por ende, de mayor calidad.

La cultura DevSecOps lleva esto un paso más allá al romper el silo más resistente: el de la seguridad. Se erradica la noción de que la seguridad es un problema ajeno. Requiere que los desarrolladores dialoguen constantemente con operaciones y con los ingenieros de pruebas, y que todos ellos colaboren con los especialistas en seguridad. Herramientas como Slack son cruciales, pero el cambio real es mental. Los equipos que ya han migrado a metodologías Ágiles tienen una ventaja, pues ya han comenzado a desmantelar las barreras de comunicación. La falta de silos se convierte en el vehículo para una retroalimentación continua que nutre tanto la calidad funcional como la seguridad.

3. El Motor de Ejecución: El Pipeline Automatizado como Eje Central de DevSecOps

La cadena de herramientas (*toolchain*) es la manifestación práctica de la cultura DevSecOps. Su enfoque es la automatización del ciclo de vida del software (SDLC) desde el código fuente hasta el despliegue.

- **Gestión de Código y Construcción Segura:** El proceso comienza en el repositorio de código fuente. A diferencia de los sistemas antiguos que requerían bloqueo de archivos, soluciones modernas como Git permiten un desarrollo distribuido y paralelo. Cuando desarrolladores como Jon y Tom trabajan en el mismo archivo, Git gestiona la fusión inteligente de sus cambios. Desde una perspectiva DevSecOps, este es el primer punto de control: se integran herramientas de análisis estático de seguridad (SAST) y análisis de composición de software (SCA) que revisan el código y sus dependencias en busca de vulnerabilidades conocidas antes de que los cambios se fusionen en la rama principal (*master*).

- **Compilación y Pruebas Automatizadas (Funcionales y de Seguridad):** Una vez que los cambios se confirman (*commit*), se activa un proceso de construcción (*build*). En lenguajes compilados, esto genera un ejecutable; en lenguajes interpretados como Python o JavaScript, implica una validación de sintaxis. La automatización permite que este paso se ejecute tras cada cambio. A continuación, se ejecutan las pruebas, que en un entorno DevSecOps incluyen no solo los casos de prueba funcionales escritos por desarrolladores, sino también pruebas de seguridad automatizadas (DAST), como la validación de casos de uso indebido (*misuse cases*) y pruebas de penetración a la lógica de negocio para verificar que el sistema falle de forma segura, sin exponer la aplicación a ataques.

- **Visualización y Retroalimentación Inmediata:** Los fallos, ya sea de construcción o de pruebas, generan alertas instantáneas a los interesados. Un tablero (*dashboard*) con un estado de salud (verde/rojo) ofrece a los líderes de proyecto una visibilidad inmediata sobre la calidad y seguridad del software en tiempo real.

4. La Estrategia Proactiva: "Shifting Left" y el Endurecimiento Continuo

"Desplazarse a la izquierda" (*Shifting Left*) es la estrategia de introducir la seguridad en las fases más tempranas posibles del desarrollo, donde corregir problemas es exponencialmente más barato.

- **Desde los Requisitos hasta el Desarrollo:** El momento ideal es en la fase de requisitos, utilizando técnicas como el modelado de amenazas (*threat modeling*) para identificar y planificar mitigaciones. Durante el diseño y desarrollo, los equipos deben adherirse a prácticas de codificación segura y guías de estilo para reducir vulnerabilidades. El entrenamiento en la creación de casos de uso indebido es crucial para que los desarrolladores construyan software resistente a entradas maliciosas.
- **Seguridad en el Despliegue y la Operación:** En la fase de despliegue, la seguridad es crítica. Todos los sistemas o contenedores deben ser "endurecidos" (*hardened*), lo que implica eliminar software innecesario y controlar los accesos de forma estricta para limitar la superficie de ataque. Aunque el ideal es comenzar por la izquierda, es factible empezar por la derecha, implementando pruebas de seguridad en entornos de producción y luego, gradualmente, integrar prácticas seguras hacia atrás en el ciclo de vida. La seguridad, por tanto, no es solo "desplazarse a la izquierda", sino estar presente en *cada* fase.

5. La Arquitectura Habilitadora: Kubernetes y la Infraestructura Efímera

DevSecOps busca eliminar el error humano de procesos críticos mediante la automatización, y aquí es donde la arquitectura moderna, especialmente con Kubernetes, juega un papel estelar.

- **De "Mascotas" a "Ganado":** Los profesionales de seguridad a menudo temen que la velocidad sacrifique la seguridad. La realidad es la opuesta. Un ciclo de despliegue rápido permite corregir vulnerabilidades en producción en horas, no meses. La virtualización y la contenedorización amplifican este beneficio. En un modelo tradicional de servidores persistentes ("mascotas"), un atacante puede permanecer oculto durante años. En un modelo de contenedores efímeros ("ganado") gestionado por Kubernetes, aunque un atacante comprometa un contenedor, su acceso se desvanece en cuanto este es destruido y reemplazado automáticamente, lo que puede ocurrir en minutos.
- **Kubernetes como Orquestador de DevSecOps:** Kubernetes no solo gestiona el despliegue de contenedores, sino que también reduce la complejidad de la infraestructura. Al definir la aplicación y sus dependencias como código, se minimiza la necesidad de herramientas pesadas de Infraestructura como Código (IaC). Menos componentes significan una menor superficie de ataque y menos puntos de fallo. Kubernetes monitorea la salud de las aplicaciones, reemplaza contenedores defectuosos y escala automáticamente, permitiendo que el equipo se enfoque en entregar valor al usuario, con la certeza de que la infraestructura

subyacente es consistente, resiliente y segura por diseño.

Table 4 Marco de Implementación DevSecOps: Principios, Prácticas y Herramientas

Dominio/Pilar	Principio Clave	Prácticas Esenciales	Tecnologías y Herramientas Habilitadoras	Impacto Directo en la Seguridad
Cultura y Colaboración	La seguridad es una responsabilidad compartida e integrada, no una función aislada.	• Eliminar silos entre Dev, Sec y Ops. • Fomentar la comunicación constante y la retroalimentación rápida. • Documentar procesos para permitir la automatización y la consistencia.	• **Plataformas de Colaboración:** Slack, Microsoft Teams. • **Gestión de Proyectos Ágil:** Jira, Azure Boards. • **Repositorios de Conocimiento:** Confluence.	• Desarrolla una mentalidad de seguridad proactiva en todo el equipo. • Acelera el ciclo de detección y corrección de vulnerabilidades.
Automatización del Pipeline de CI/CD	Integrar validaciones de seguridad automáticas en cada etapa del ciclo de entrega.	• **Pre-Commit/Commit:** Ganchos (*hooks*) para análisis de secretos y linters. • **Construcción (CI):** Análisis Estático (SAST), Análisis de Composición de Software (SCA). • **Pruebas:** Análisis Dinámico (DAST), Pruebas de Casos de Uso Indebido (*Misuse Cases*).	• **Orquestadores:** GitLab CI, Azure DevOps, Jenkins. • **SAST/SCA/DAST:** SonarQube, OWASP Dependency-Check, OWASP ZAP. • **Control de Código Fuente:** Git.	• Detecta fallos de seguridad de forma temprana, cuando son más económicos de solucionar. • Garantiza la aplicación consistente de políticas de seguridad. • Elimina el factor de error humano en las revisiones.

Dominio/Pilar	Principio Clave	Prácticas Esenciales	Tecnologías y Herramientas Habilitadoras	Impacto Directo en la Seguridad
Estrategia Proactiva ("Shifting Left")	Incorporar la seguridad desde las fases más tempranas del ciclo de vida del desarrollo (SDLC).	• **Requisitos:** Realizar modelado de amenazas (Threat Modeling) para identificar riesgos potenciales. • **Diseño:** Aplicar principios de diseño seguro y limitar el impacto de amenazas. • **Desarrollo:** Adherirse a guías de codificación segura específicas del lenguaje.	• **Modelado de Amenazas:** Herramientas de diagramación (Lucidchart), frameworks (STRIDE, PASTA). • **Entornos de Desarrollo (IDE):** Extensiones y plugins de seguridad.	• Previene la introducción de fallos de diseño fundamentales. • Reduce significativamente el costo total de la seguridad al evitar el retrabajo. • Fomenta la creación de software seguro por diseño.
Arquitectura y Operaciones Seguras	Diseñar y operar sistemas que minimicen la superficie de ataque y maximicen la resiliencia.	• **Contenerización:** Aislar aplicaciones y sus dependencias. • **Infraestructura Efímera ("Ganado"):** Tratar la infraestructura como reemplazable, no permanente. • **Endurecimiento (*Hardening*):** Minimizar los componentes y privilegios en contenedores e imágenes base.	• **Orquestación de Contenedores:** Kubernetes. • **Contenerización:** Docker. • **Infraestructura como Código (IaC):** Terraform, Ansible. • **Análisis de Imágenes:** Trivy, Clair.	• Reduce la ventana de oportunidad y la permanencia de un atacante. • Asegura un estado conocido y consistente en cada despliegue. • Simplifica la gestión y el monitoreo de la seguridad a escala.

El Esquema de DevSecOps, Integrando la Seguridad a la Velocidad del Desarrollo Moderno

Pilar 1: Cultura y Colaboración

El éxito de DevSecOps no reside en las herramientas, sino en un cambio cultural fundamental. La seguridad deja de ser una función aislada para convertirse en una responsabilidad compartida, integrada en el ADN de cada equipo. Se trata de eliminar silos y fomentar una comunicación fluida y constante.

Figura 1 Pilar 1: Cultura y Colaboración

Este flujo representa la colaboración continua. Al documentar procesos y utilizar plataformas ágiles, los equipos desarrollan una mentalidad proactiva, acelerando drásticamente la detección y corrección de vulnerabilidades.

Pilar 2: Automatización del Pipeline

La automatización es el motor de DevSecOps. Al integrar validaciones de seguridad automáticas en cada etapa del pipeline de CI/CD, se garantiza una aplicación consistente de las políticas y se detectan fallos de forma temprana, cuando son más fáciles y económicos de solucionar.

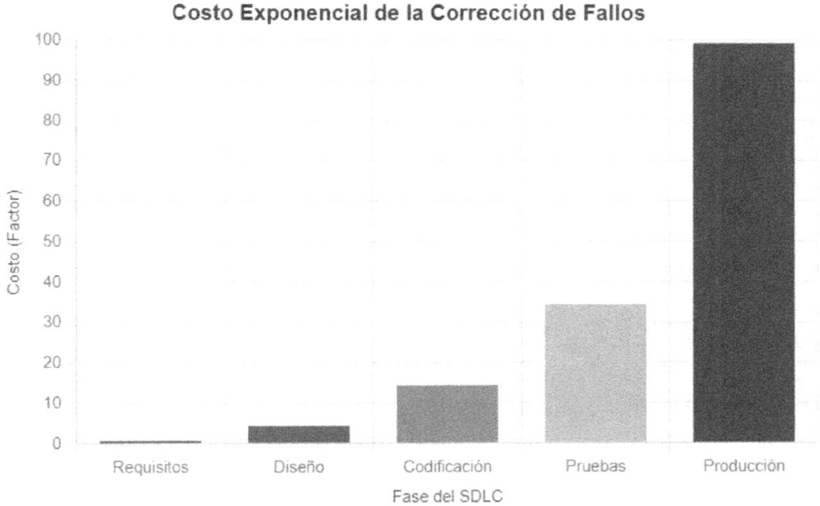

Figura 2 Fases Ciclo de Vida del Desarrollo de Software (SDLC siglas en ingles)

El gráfico ilustra el costo exponencial de remediar una vulnerabilidad. La detección temprana a través de la automatización (SAST, DAST, SCA) genera un ahorro significativo y reduce el riesgo.

Pilar 3: Estrategia Proactiva "Shift Left"

"Desplazar a la izquierda" significa incorporar la seguridad desde el inicio del ciclo de vida del desarrollo. En lugar de esperar a las fases finales, se aplican prácticas como el modelado de amenazas y la codificación segura desde la concepción del producto.

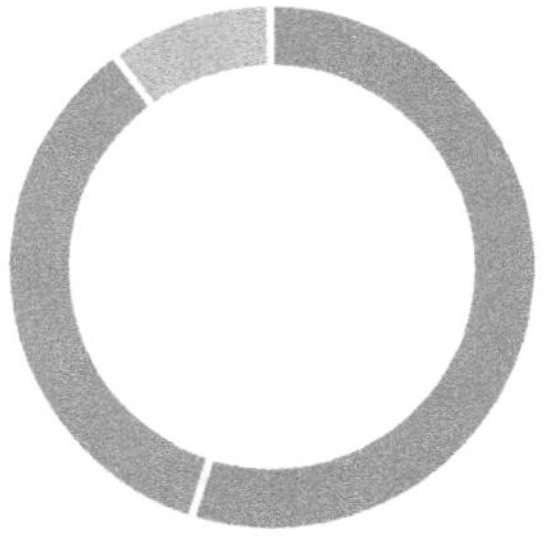

Figura 3 Distribución ideal del esfuerzo

Este gráfico muestra la distribución ideal del esfuerzo en seguridad en un modelo "Shift Left". La mayor parte del trabajo se concentra en las fases de requisitos y diseño, previniendo fallos fundamentales.

Pilar 4: Arquitectura y Operaciones Seguras

Una arquitectura moderna, basada en la contenedorización y la infraestructura efímera, es clave para la resiliencia. Los sistemas se diseñan para minimizar la superficie de ataque y recuperarse de fallos de forma automática, tratando la infraestructura como un recurso reemplazable ("ganado") en lugar de sistemas persistentes y cuidados individualmente ("mascotas").

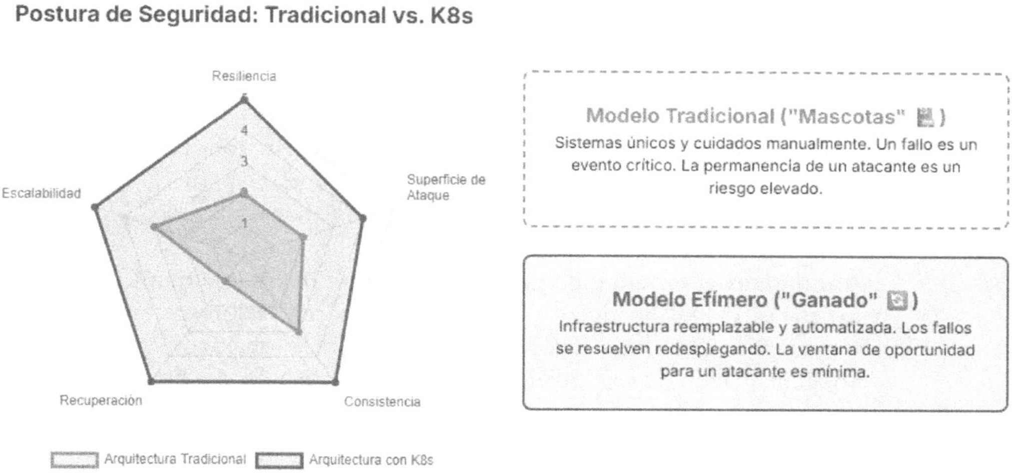

Figura 4 Postura de Seguridad: Tradicional vs K8s

El gráfico de radar compara ambas arquitecturas. La orquestación con Kubernetes mejora drásticamente la resiliencia, la consistencia y la velocidad de recuperación, asegurando un estado conocido y seguro en cada despliegue.

Conclusión del Capítulo: DevOps y DevSecOps

La transición de DevOps a DevSecOps no es una simple adición de herramientas de seguridad a un pipeline existente; es una evolución estratégica indispensable en el desarrollo de software moderno. Como se ha analizado, la automatización es el motor que permite alcanzar la velocidad, pero la cultura es el chasis que soporta y dirige esa velocidad de manera segura y eficaz. Ignorar la seguridad en una era de despliegue continuo es aceptar un riesgo inmanejable, mientras que tratarla como una barrera es renunciar a la agilidad competitiva. DevSecOps resuelve esta falsa dicotomía al postular que una seguridad proactiva y automatizada no solo es compatible con la velocidad, sino que es su principal habilitador.

El pilar central de esta transformación es ineludiblemente cultural. Requiere desmantelar la percepción de la seguridad como una función de guardianes (*gatekeepers*) y reconstruirla como una competencia fundamental y una responsabilidad compartida por cada miembro del equipo. Este cambio exige que los desarrolladores piensen en la defensa, que el personal de operaciones gestione la resiliencia y que los profesionales de la seguridad actúen como mentores y arquitectos de sistemas seguros, no como auditores finales. La comunicación fluida y la retroalimentación constante no son opcionales; son el tejido conectivo que une a estos dominios en un propósito común.

Para materializar esta filosofía, las organizaciones deben adoptar un enfoque pragmático y multifacético, centrado en:

- **Fomentar la cultura de responsabilidad:** Iniciar con la capacitación y el empoderamiento de los equipos. La seguridad debe ser parte de la definición de "terminado" (*Definition of Done*) para cualquier tarea de desarrollo.

- **Automatizar el pipeline de forma inteligente:** Integrar herramientas de análisis estático (SAST), dinámico (DAST) y de composición de software (SCA) directamente en los flujos de CI/CD. El objetivo es proporcionar retroalimentación de seguridad instantánea y accionable, no simplemente generar informes.

- **Adoptar una arquitectura efímera y resiliente:** Utilizar la contenedorización y orquestadores como Kubernetes no solo para la eficiencia operativa, sino como una estrategia de seguridad. La capacidad de destruir y reemplazar componentes de infraestructura ("ganado" en lugar de "mascotas") reduce drásticamente la superficie de ataque y limita la persistencia de un adversario.

En última instancia, la implementación exitosa de DevSecOps redefine la propuesta de valor de la seguridad: deja de ser un centro de costos o un freno para la innovación y se convierte en un catalizador estratégico.

Una postura de seguridad proactiva no ralentiza el negocio; lo habilita para moverse a mayor velocidad y con mayor confianza en un entorno digital competitivo. La verdadera agilidad no se mide solo por la rapidez con la que se entrega, sino por la resiliencia con la que se opera.

6 DEVSECOPS: ARMONIZANDO SEGURIDAD Y VELOCIDAD EN TI

Impulsando la Seguridad en el Ciclo de Desarrollo Moderno

La integración efectiva de la seguridad en el ciclo de vida del desarrollo de software representa un desafío y una oportunidad crucial para las organizaciones tecnológicas de hoy. Más allá de la dicotomía entre las filosofías de InfoSec y DevOps, el camino hacia una cultura DevSecOps exitosa se define por la capacidad de sincronizar objetivos, fomentar la colaboración y asegurar el flujo de valor desde la concepción hasta la entrega del producto. Este enfoque implica una transformación que trasciende la simple adición de controles; se trata de incrustar la seguridad de manera proactiva en cada etapa del desarrollo y la entrega continua.

Exploramos cómo las estrategias de implementación DevSecOps cierran la brecha entre culturas, adoptando un modelo donde la seguridad es una responsabilidad compartida. Analizamos capacidades esenciales para construir un programa DevSecOps robusto y escalable, que permita a las empresas prosperar en un entorno de transformación digital constante. La automatización de pruebas, la habilitación de equipos y la optimización de los pipelines de integración y entrega continua (CI/CD) con plataformas como GitLab y Azure DevOps son pilares fundamentales para alcanzar una resiliencia operativa y una respuesta ágil ante los desafíos de seguridad.

La relevancia de DevSecOps en el entorno empresarial actual se destaca por su capacidad para mejorar la resiliencia y la velocidad de entrega.

"DevSecOps representa una evolución natural y necesaria de las prácticas de desarrollo y operaciones, impulsando la resiliencia organizacional y la capacidad de respuesta frente a las amenazas de seguridad en un panorama tecnológico en constante cambio." (Smith, J. D. & Jones, A. B., 2023).

Culturas InfoSec y DevOps: Una Confluencia Necesaria

Es común la concepción errónea de que InfoSec y DevOps poseen objetivos inherentemente opuestos, dada la predilección de InfoSec por controles rigurosos y el enfoque de DevOps en la confianza y la agilidad. Mientras InfoSec se rige por el principio de **confianza cero** ("nunca confíes, siempre verifica"), DevOps prospera en un ambiente de alta confianza y colaboración fluida. Tradicionalmente, los equipos de seguridad, como los "equipos rojos" (ofensivos) y "equipos azules" (defensivos), operan en silos con responsabilidades bien definidas. Sin embargo, la esencia de la **cultura DevOps** radica en disolver estas barreras para fomentar la interconexión. En el paradigma DevSecOps, la seguridad deja de ser una función aislada para convertirse en una **responsabilidad colectiva** que permea todo el ciclo de desarrollo. Esto no implica una ausencia de controles, sino su integración en cada fase del desarrollo y entrega de software, garantizando una **seguridad continua** que eleva la calidad y el cumplimiento.

Estrategias de Implementación de DevSecOps: Del Enfoque Reactivo al Proactivo

Este análisis profundiza en cómo DevSecOps actúa como un puente entre las metodologías de InfoSec y DevOps, promoviendo una transición de una postura de seguridad meramente reactiva a una proactiva. Para construir un programa DevSecOps exitoso y escalable, es imperativo examinar capacidades clave. La transformación digital exige que la seguridad se integre y escale intrínsecamente en los procesos empresariales. La investigación de la Dra. Nicole Forsgren, Jez Humble y Gene Kim, plasmada en su obra *Accelerate: The Science of DevOps* (2018), identifica 24 capacidades fundamentales para el alto rendimiento en la entrega de software. Nos centraremos en diez de estas capacidades que considero esenciales para que cualquier líder de TI impulse la seguridad continua en su organización.

Liderazgo en la Transformación DevSecOps

El punto de partida para los líderes que buscan establecer un programa DevSecOps es reconocer que su éxito está directamente ligado a la **madurez técnica de la organización**. Si ya existe una **cultura DevOps**, la integración de InfoSec se facilita. Su rol principal es liderar la iniciativa de infundir seguridad en DevOps, cultivando una atmósfera de confianza mutua entre los equipos. Las habilidades de liderazgo son cruciales para generar un impacto significativo, requiriendo una revisión de las prácticas de gestión Lean aplicadas al rendimiento de entrega de software. A menudo, los líderes de TI forman un equipo de transformación dedicado, identificando "campeones" para catalizar el cambio y escalar sus metodologías a toda la organización. El desafío, en última instancia, reside en el liderazgo para comunicar un mensaje claro: la seguridad no es exclusiva de un equipo. Los equipos de seguridad no pueden prevenir todos los incidentes; su función primordial es potenciar la capacidad de la organización para responder eficazmente a estos eventos. Aunque para los profesionales de InfoSec esto puede ser contraintuitivo, dada su base en la confianza cero y la reducción de la superficie de ataque, la realidad de las infraestructuras distribuidas y efímeras, junto con el creciente número de ataques, demuestra la necesidad de una participación ampliada de desarrollo y operaciones para fortalecer las defensas.

Flujo de Valor y Resiliencia en DevSecOps

En organizaciones de alto rendimiento, los equipos poseen una comprensión superior del **flujo de valor** del trabajo, desde la concepción del negocio hasta la entrega al cliente. Esta visibilidad estratégica es clave para discernir qué productos, características y datos son verdaderamente críticos para los objetivos de la empresa. En un programa DevOps ya establecido, el enfoque principal de seguridad se orienta hacia la protección de estos activos de valor: productos, plataformas y datos esenciales. Esto no necesariamente implica una estrategia dual de TI, donde algunos activos se gestionan tradicionalmente; en empresas de alto rendimiento, las fronteras entre la red interna y la nube se disuelven gracias a tecnologías como las **redes definidas por software** y la **computación en la nube**. Un ejemplo ilustrativo para InfoSec es la seguridad de los endpoints. Antes, las actualizaciones de antivirus eran una métrica clave; sin embargo, eventos como la pandemia de COVID-19 reenfocaron la atención hacia la **resiliencia de productos y datos** ante cualquier ataque, sin importar la fuente. El núcleo de una estrategia DevSecOps se centra en asegurar que los activos críticos sean inmunes a las amenazas, independientemente del dispositivo o ubicación.

Colaboración Inter-Equipos como Pilar DevSecOps

El éxito de un programa DevSecOps depende fundamentalmente de la **mejora de la colaboración** entre los equipos de desarrollo, operaciones y seguridad. Los líderes tienen la responsabilidad de fomentar la confianza entre los participantes, empezando por refinar el estilo de comunicación de InfoSec. A menudo percibida como una disciplina con un lenguaje coercitivo y centrado en el miedo, InfoSec debe transicionar hacia la cultura de **DevOps**, que promueve un ambiente de trabajo sin culpas, donde los errores se ven como oportunidades de aprendizaje. En un entorno psicológicamente seguro, los profesionales se sienten empoderados para compartir ideas y asumir riesgos, lo que impulsa la innovación. Una práctica crucial de DevOps es la **propiedad compartida** y los objetivos comunes. Al reconocer la seguridad como una responsabilidad universal, los equipos deben colaborar para alcanzarla, desarrollando y compartiendo herramientas y mecanismos, como bibliotecas de autenticación y cifrado. Esto facilita la reutilización de código seguro. Los **análisis post-mortem** de incidentes de seguridad también deben involucrar a desarrollo y operaciones, permitiendo identificar la raíz del problema, definir capacitaciones necesarias y planificar acciones preventivas que se integren directamente en la hoja de ruta del equipo.

Desplazamiento a la Izquierda (Shift Left) en Seguridad

El concepto de **"shift left"** en seguridad va más allá de atribuir la responsabilidad de asegurar las construcciones a los equipos de desarrollo y operaciones. Significa integrar el pensamiento y las prácticas de seguridad lo más temprano posible en el **proceso de desarrollo y entrega de software**. Esto incluye incorporar consideraciones de seguridad desde las fases de diseño del producto, lo que puede reducir significativamente los costos de remediación posteriores. Asimismo, las herramientas de análisis de código inseguro y errores de configuración deben operar dentro del **entorno de desarrollo integrado**

(IDE), proporcionando retroalimentación inmediata y elevando la calidad del código. Cuando se detecta un problema de seguridad, es crucial que se centralice y se gestione a través de una **plataforma unificada de gestión de incidencias de software**. Esto permite que problemas menores, que no requieren la intervención de un especialista de InfoSec, sean resueltos rápidamente por un profesional senior de DevOps. Este enfoque ágil y descentralizado acelera la corrección de vulnerabilidades. Plataformas de **CI/CD** como **GitLab** y **GitHub** están diseñadas para automatizar estos procesos, ejecutando evaluaciones de vulnerabilidades en las solicitudes de combinación (merge requests) para que los desarrolladores las corrijan al instante.

Empoderamiento de Equipos para la Seguridad Distribuida

Para que los equipos de Desarrollo (Dev) y Operaciones (Ops) asuman eficazmente la responsabilidad de la seguridad, es imperativo **empoderarlos** con el conocimiento y las herramientas necesarias para tomar decisiones informadas. Los profesionales de seguridad, a su vez, deben actuar como facilitadores y soportes, en lugar de guardianes restrictivos. Conscientes de que los equipos de Dev y Ops ya manejan una carga considerable, es fundamental motivarlos para que contribuyan activamente a la seguridad, evitando la tentación de una mera implementación superficial de escáneres en el pipeline CI/CD. Es crucial que los desarrolladores estén al tanto de **prácticas de desarrollo seguro**, como la validación de entradas y la criptografía de datos, y que puedan realizar evaluaciones de amenazas básicas. Recursos como el **Proyecto Abierto de Seguridad en Aplicaciones Web (OWASP)**, con su material sobre "Prácticas de Codificación Segura" y la lista "Los 10 Principales Riesgos de Seguridad en Aplicaciones Web", son valiosos para la capacitación interna. Fomentar conversaciones informales y demostrar el apoyo del equipo de seguridad, como hizo Zane Lackey en Etsy al ofrecer obsequios a quienes buscaban asesoramiento de seguridad, puede construir una cultura de confianza y concienciación que promueva la **seguridad como una conversación continua**.

Automatización Integral de Pruebas de Seguridad

La integración de la seguridad en los pipelines de **DevOps** se acelera considerablemente mediante la **automatización de escáneres de vulnerabilidades**. En la fase previa a la construcción (pre-build), las herramientas de **pruebas estáticas de seguridad en aplicaciones (SAST)**, como Brakeman y SonarQube, son esenciales. Estas herramientas analizan el código fuente en entornos no productivos para identificar fallos de codificación, puertas traseras y malware. Además, es crucial escanear las dependencias para asegurar que bibliotecas y ejecutables de terceros, sobre los cuales a menudo se tiene un control limitado, estén libres de vulnerabilidades o elementos maliciosos. **OWASP Dependency Check** y **Snyk** son estándares industriales para esta tarea. Una vez desplegada la aplicación, se utilizan las **pruebas dinámicas de seguridad en aplicaciones (DAST)**, a diferencia de las SAST, estas evalúan la aplicación en tiempo de ejecución, monitoreando aspectos como el uso de memoria, el comportamiento funcional y el rendimiento. Herramientas como **OWASP ZAP**, Arachni y AppScan simulan ataques para identificar vulnerabilidades. Adicionalmente, ciertas pruebas de penetración pueden automatizarse con Metasploit, Burp Suite y Nikto. La **seguridad de la infraestructura**, incluyendo **contenedores** y **seguridad en la nube**, también puede integrarse automáticamente en el pipeline de entrega de software, garantizando una protección continua a lo largo de todo el ecosistema tecnológico.

Trabajo en Pequeños Lotes y Modelado de Amenazas Ágil

Adoptar el principio de **trabajo en pequeños lotes** es tan crucial para las tareas de seguridad como lo es para el desarrollo y las operaciones. Las actividades de seguridad deben fragmentarse y completarse rápidamente, idealmente en una semana o menos, priorizando **correcciones rápidas y efectivas** sobre evaluaciones extensas. Esta filosofía se alinea con el concepto de "empezar pequeño y hacerlo seguido" del **modelado de amenazas ágil**, un proceso iterativo y continuo que facilita la discusión de riesgos e integra la seguridad de forma nativa. Es recomendable formalizar estos hallazgos como **historias de usuario** en el *backlog* del equipo, con descripciones concisas de las amenazas identificadas. Iniciar con vulnerabilidades de fácil solución, como la falta de autenticación de dos factores (2FA), permite obtener "victorias rápidas" que motivan al equipo a incorporar más historias de seguridad en cada iteración. Recursos como el kit de herramientas de **ThoughtWorks** para modelado de amenazas ágiles y **Threagile** (que permite el modelado declarativo de arquitecturas en YAML) son valiosos para automatizar la identificación de riesgos y generar informes con mitigaciones sugeridas. Al descentralizar y automatizar estas evaluaciones, se capacita a los equipos de desarrollo y operaciones para tomar medidas correctivas de forma autónoma, mejorando la resiliencia del sistema.

Experimentación del Equipo y Cultura de Preparación

Un principio fundamental en la adopción de DevSecOps es la transición de una cultura del miedo a una de **preparación**. Los equipos deben reconocer dos realidades ineludibles: el software será explotado de maneras inesperadas por actores maliciosos o amenazas automatizadas, y los controles de seguridad eventualmente fallarán. Aceptar estos hechos permite a los equipos DevSecOps **probar activamente su resiliencia** frente a ataques, perfeccionar sus prácticas y estar listos para responder con agilidad a cualquier incidente de seguridad, fortaleciendo la resiliencia general del sistema. Esta preparación es la esencia de la **ingeniería del caos**, una estrategia popularizada por Netflix con herramientas como Chaos Monkey, que termina instancias de producción aleatoriamente para observar el impacto en el negocio. La ingeniería del caos ha evolucionado hacia la **ingeniería del caos en seguridad**, con herramientas comerciales como Verica y Gremlin, y es un tema que merece mayor exploración. Actividades como los "días de juego" o competencias tipo "captura la bandera" (CTF) son excelentes para fomentar la experimentación y el aprendizaje práctico, especialmente si incluyen escenarios de negocio reales. Finalmente, la **automatización de la respuesta a incidentes** con herramientas como TheHive, Cyphon, Darktrace Autonomous AI Antigena y Deep Instinct, es clave para reducir el tiempo de mitigación de incidentes críticos, minimizando así daños mayores.

Visualización del Trabajo y Notificaciones Proactivas

Para optimizar la gestión y visibilidad del trabajo en un entorno DevSecOps, recomiendo encarecidamente el uso de una **plataforma única para la gestión de tareas**. Muchas organizaciones están consolidando sus comunicaciones en una **sala de chat**

centralizada para todo el equipo de TI, rompiendo los silos entre desarrollo, operaciones y seguridad. Esta estrategia fomenta una comunicación fluida y una **cultura de transparencia**. Es crucial que las **notificaciones del pipeline CI/CD**, ya sea de **GitLab** o **Azure DevOps**, se canalicen a este mismo espacio. Esto convierte al canal de comunicación en una herramienta activa para la **descentralización de la remediación**, permitiendo que los equipos reaccionen y corrijan problemas de seguridad de manera oportuna y colaborativa. La visibilidad de las pruebas automatizadas, las vulnerabilidades detectadas y el progreso de las correcciones en un panel unificado facilita la toma de decisiones y mantiene a todos los interesados informados sobre el estado de la seguridad en tiempo real, promoviendo una cultura de responsabilidad compartida y acción rápida.

Monitoreo Centrado en el Tiempo Medio de Recuperación (MTTR)

Aunque tradicionalmente InfoSec ha valorado la cantidad de métricas y paneles visibles en los Centros de Operaciones de Seguridad (SOCs) para justificar su valor y recursos, esta mentalidad está evolucionando con DevSecOps. En una organización de alto rendimiento que adopta DevSecOps, la **infraestructura gestionada por código** permite la actualización automática de sistemas operativos y la corrección regular de vulnerabilidades. Esto, combinado con otras prácticas de seguridad continua, disminuye la frecuencia de ataques exitosos, al tiempo que se acepta la inevitabilidad de algunos incidentes. La métrica verdaderamente relevante ahora es el **Tiempo Medio de Recuperación (MTTR)** tras un fallo. El Informe del Estado de DevOps 2020 destacó una correlación directa entre el nivel de integración de seguridad y la capacidad de remediar vulnerabilidades críticas. Las empresas con una **integración de seguridad completa** pueden recuperarse en un día, mientras que las que carecen de ella pueden tardar hasta una semana. En esencia, una estrategia DevOps robusta facilita la integración de la seguridad, y una seguridad bien integrada acelera la recuperación de fallos, contribuyendo directamente a la **continuidad del negocio y el crecimiento**. Esto recalibra el enfoque de monitoreo de la prevención absoluta a la capacidad de respuesta y resiliencia.

Tabla 5 Desglose de Acciones y Mejores Prácticas DevSecOps por Fase del Ciclo de Vida

Fase / Concepto	Acción Clave	Mejores Prácticas de la Industria	Frameworks Relacionados
Planificación	Identificación de amenazas y requisitos de seguridad	Realizar modelado de amenazas y evaluaciones de riesgo desde el inicio; involucrar a todas las áreas del proyecto	NIST SP 800-53, ISO/IEC 27001
Codificación	Aplicar estándares de codificación segura	Integrar revisiones de código, análisis estático (SAST) y evitar secretos embebidos	OWASP SAMM, CIS Controls

Fase / Concepto	Acción Clave	Mejores Prácticas de la Industria	Frameworks Relacionados
Construcción (Build)	Automatizar pruebas de seguridad en el proceso de integración continua	Ejecutar análisis de binarios, validación de configuraciones y controles de integridad en cada build	CIS Controls, NIST SP 800-53
Contenerización	Crear y mantener imágenes de contenedor seguras	Usar imágenes mínimas y actualizadas, escanear vulnerabilidades y gestionar dependencias	CIS Docker Benchmark, NIST
Infraestructura como Código	Automatizar la provisión de entornos seguros	Escanear configuraciones IaC, aplicar políticas como código y controlar cambios mediante versionado	NIST SP 800-53, CIS Controls
Pipelines CI/CD	Integrar pruebas y controles de seguridad en cada etapa del pipeline	Incorporar escaneo de código, análisis de dependencias, pruebas dinámicas (DAST) y gestión de secretos	OWASP SAMM, CIS Controls
Gestión de Incidentes	Detectar y responder rápidamente a incidentes	Monitorear en tiempo real, mantener registros de auditoría y definir planes de respuesta y recuperación	NIST CSF, ISO/IEC 27035
Automatización	Orquestar tareas de seguridad y cumplimiento de forma automática	Usar herramientas como Ansible o StackStorm para respuestas automáticas y consistentes ante eventos de seguridad	NIST SP 800-53, CIS Controls
Auditoría y Cumplimiento	Realizar auditorías periódicas y mantener trazabilidad	Ejecutar revisiones regulares, mantener logs centralizados y asegurar la conformidad regulatoria	ISO/IEC 27001, NIST SP 800-53

Fase / Concepto	Acción Clave	Mejores Prácticas de la Industria	Frameworks Relacionados
Monitoreo y Observabilidad	Vigilar aplicaciones e infraestructura de manera continua	Integrar herramientas de monitoreo, establecer alertas proactivas y correlacionar eventos para detección temprana	CIS Controls, NIST CSF

Conclusión del Capítulo: Un Futuro Ágil y Seguro con DevSecOps

La transformación de las organizaciones tecnológicas depende cada vez más de la integración efectiva entre los equipos y procesos. Hemos visto cómo la **cultura DevSecOps** desmantela la percepción de conflicto entre la seguridad de la información (InfoSec) y las prácticas de desarrollo y operaciones (DevOps), al enfatizar una responsabilidad de seguridad compartida a lo largo de todo el ciclo de vida del software. Este cambio va más allá de la adición de controles; implica una evolución hacia la **seguridad continua**, donde cada etapa del desarrollo y la entrega incorpora consideraciones de protección, mejorando la calidad y el cumplimiento de manera inherente.

El éxito de DevSecOps reside en su capacidad para transformar un enfoque de seguridad reactivo en uno proactivo. Para los líderes de TI, el liderazgo es el pilar inicial. Es fundamental comprender que el nivel de madurez técnica de la organización impacta directamente la efectividad de un programa DevSecOps. Se requiere un liderazgo que fomente la confianza y la colaboración entre equipos, invirtiendo en prácticas de gestión Lean para optimizar el rendimiento. La meta es clara: capacitar a desarrolladores y operadores para que asuman un rol activo en la seguridad, reconociendo que los especialistas en InfoSec actúan como facilitadores, no como únicos responsables.

Recomendaciones para la Adopción e Implementación Efectiva de DevSecOps:

Para líderes y profesionales de TI, la adopción de DevSecOps se materializa a través de acciones estratégicas:

- **Fomentar la Colaboración Inter-Equipos:** Elimine los silos promoviendo la comunicación abierta y la propiedad compartida de la seguridad. Incentive un lenguaje que construya confianza, alejándose de expresiones que generen temor o culpa, y favorezca un ambiente psicológicamente seguro para la experimentación.
- **Priorizar el Flujo de Valor del Negocio:** Asegure que los equipos comprendan qué activos (productos, plataformas, datos) son críticos para los objetivos empresariales. Concentre los esfuerzos de seguridad en proteger estos elementos de mayor valor, adaptándose a un panorama sin perímetros definidos en arquitecturas en la nube y con contenerización.
- **Adoptar el "Shift Left" como Estrategia Central:** Mueva la seguridad al inicio del proceso de desarrollo, desde la fase de diseño hasta las revisiones de código en el IDE. Utilice plataformas de gestión de incidencias de software unificadas para

una corrección ágil de vulnerabilidades, integrando análisis en las solicitudes de combinación de plataformas CI/CD como GitLab y Azure DevOps.

- **Empoderar a los Equipos de Desarrollo y Operaciones:** Proporcione capacitación continua en prácticas de desarrollo seguro, utilizando recursos como OWASP. Incentive la participación activa en seguridad, ofreciendo apoyo y herramientas para que puedan tomar decisiones informadas y contribuir de manera significativa a la protección del software.
- **Automatizar las Pruebas de Seguridad en el Pipeline:** Implemente herramientas SAST para el análisis estático del código y DAST para pruebas dinámicas en tiempo de ejecución. Incluya el escaneo de dependencias y la automatización de la seguridad de la infraestructura, desde contenedores hasta entornos en la nube, dentro de sus pipelines de entrega.
- **Implementar el Trabajo en Pequeños Lotes para Seguridad:** Divida las tareas de seguridad en iteraciones cortas, enfocadas en correcciones rápidas. Integre el modelado de amenazas ágil en el día a día del equipo, creando historias de usuario de seguridad y priorizando aquellas que fortalezcan la resiliencia del sistema.
- **Impulsar la Experimentación y la Ingeniería del Caos:** Cultive una cultura de preparación donde los equipos asuman que el software será atacado y los controles pueden fallar. Practique la ingeniería del caos en seguridad para probar la resiliencia de los sistemas y automatice la respuesta a incidentes para minimizar el impacto de los eventos de seguridad.
- **Centralizar la Visualización y las Notificaciones:** Utilice una única plataforma para la gestión de tareas y una sala de chat común para las notificaciones del pipeline CI/CD. Esto promueve la transparencia, la colaboración instantánea y descentraliza la remediación, manteniendo a todos los equipos informados y alineados.
- **Reorientar el Monitoreo hacia el MTTR:** Más allá de la cantidad de métricas, el enfoque principal debe ser el Tiempo Medio de Recuperación (MTTR) tras un fallo. Una mayor integración de la seguridad en las prácticas DevOps se correlaciona directamente con una recuperación más rápida de las vulnerabilidades críticas, contribuyendo a la continuidad del negocio.

La **adopción de DevSecOps** no es solo una mejora técnica; es una **transformación cultural y estratégica** que permite a las organizaciones de TI operar con mayor agilidad, seguridad y eficiencia en un entorno digital en constante evolución.

7 ESTRATEGIAS OPERATIVAS PARA LA SEGURIDAD CONTINUA

En un contexto donde la seguridad es crucial para el éxito empresarial, integrar estrategias efectivas desde las primeras etapas del desarrollo es vital. La adopción de DevSecOps representa no solo una decisión técnica, sino una transformación cultural y estratégica para las organizaciones que buscan entregar software seguro con rapidez y eficiencia. Este enfoque permite incorporar metodologías como el control de versiones mediante herramientas reconocidas como GitLab y Azure DevOps, infraestructura como código (IaC), y seguridad como código, automatizando procesos esenciales que fortalecen la seguridad integral del ciclo de vida del software. A través de pipelines robustos de integración y entrega continua (CI/CD), y una observabilidad integrada, los equipos técnicos pueden prevenir vulnerabilidades críticas, reducir riesgos operativos, y garantizar el cumplimiento normativo con una trazabilidad completa y eficiente de cada cambio realizado. La implementación de estas prácticas promueve entornos tecnológicos resilientes y ágiles, capaces de adaptarse a los desafíos contemporáneos y a las expectativas más exigentes del mercado.

"La integración efectiva de DevSecOps no solo acelera la entrega de software seguro, sino que también transforma la cultura organizacional hacia una colaboración más estrecha entre desarrollo, operaciones y seguridad, elevando así la resiliencia empresarial ante amenazas digitales" (Morris, 2020).

Control de Versiones: El Pilar de la Colaboración Segura en el Desarrollo

El **control de versiones (VCS)** es una práctica indispensable en el desarrollo de software moderno, que permite rastrear y gestionar metódicamente cada cambio en el código fuente. En un entorno donde equipos distribuidos colaboran en distintas funcionalidades, incluso modificando las mismas secciones de código, un VCS como **Git** —la implementación más extendida, originada por Linus Torvalds para el kernel de Linux— facilita la sincronización y resolución de conflictos sin interrumpir el flujo de trabajo. Estos sistemas no solo registran cada modificación en un repositorio central, sino que también promueven la **revisión colaborativa**, una capa de seguridad adicional crucial si se instruye a los revisores a identificar código vulnerable. La capacidad de revertir a versiones anteriores agiliza significativamente la corrección de errores.

La elección entre un servidor Git autogestionado o una solución Software as a Service (SaaS) como **GitHub**, **GitLab** o BitBucket implica consideraciones estratégicas de seguridad. Aunque los servidores locales pueden parecer más seguros, su mantenimiento recae completamente en el equipo, incluyendo gestión de contraseñas, cargas de archivos y configuración de correo electrónico, lo que podría generar una carga de seguridad innecesaria, incrementar costos y mermar la agilidad. Por el contrario, al optar por SaaS, la responsabilidad de la **gestión de seguridad fundamental** (control de acceso, permisos y autenticación de dos factores —2FA—) permanece con el equipo, junto con la necesidad de respaldar los datos y, en ocasiones, integrar herramientas de terceros. Proveedores como GitHub y GitLab han evolucionado más allá de simples servicios Git, ofreciendo plataformas completas de desarrollo con **pipelines CI/CD** y registros de artefactos, junto con funciones de seguridad avanzadas como escaneo de código, gestión de cumplimiento de licencias, revisión de dependencias y detección de secretos. Es crucial evitar la codificación de secretos (contraseñas, tokens, claves API) directamente en los repositorios, dado que una vez comprometidos, pueden propagarse a múltiples sistemas, como se evidenció en el incidente de SolarWinds, donde una contraseña codificada permitió violaciones de seguridad globales (Volz & Bing, 2021). El flujo de trabajo **Gitflow**, comúnmente adoptado por los equipos DevOps, establece un modelo de ramificación disciplinado alrededor de las versiones y la entrega continua, mejorando la organización y la trazabilidad del código.

Infraestructura como Código (IaC): Fundamento de la Seguridad Automatizada

Para alcanzar una **seguridad continua** verdaderamente efectiva, es imperativo gestionar la infraestructura a través de un **repositorio Git** dedicado a las definiciones de **Infraestructura como Código (IaC)**. En este repositorio se almacenan y actualizan descripciones declarativas de los recursos de TI necesarios, como contenedores, clústeres de Kubernetes o instancias de proveedores de nube como AWS. Los cambios en la infraestructura se realizan y revisan dentro del VCS, y tras su aprobación, un proceso automatizado garantiza que el entorno implementado refleje el estado deseado especificado en el manifiesto. Este enfoque elimina la necesidad de acceder directamente a los servidores, simplificando la gestión de claves SSH y permisos individuales. Al centralizar la infraestructura en Git, se obtiene un historial completo de cambios que facilita la autoría, la trazabilidad y el cumplimiento con marcos de seguridad como ISO 27001 y NIST.

La naturaleza declarativa de IaC significa que solo se define el estado final deseado, sin detallar los pasos secuenciales para alcanzarlo, a diferencia de los *scripts* tradicionales. Por ejemplo, el usuario especifica cuántas máquinas desplegar, en qué proveedor de nube y qué zonas utilizar, y la herramienta de automatización gestiona la ejecución de las operaciones necesarias. Herramientas populares incluyen Ansible y Terraform, mientras que los proveedores de nube ofrecen sus propias soluciones como AWS CloudFormation, Azure Resource Manager y Google Cloud Deployment Manager. Una ventaja significativa de IaC es su capacidad para detectar y reconciliar cualquier desviación entre el estado deseado y el estado real de la infraestructura. En caso de una violación de seguridad, la inmutabilidad de IaC simplifica y acelera la remediación, permitiendo la creación de un nuevo entorno desde cero, aislado del comprometido, lo que reduce el tiempo de inactividad, acelera la respuesta a incidentes y proporciona un conjunto completo de artefactos para auditorías posteriores.

Seguridad como Código: Programando Políticas de Protección

La evolución de la automatización en el desarrollo y la entrega de software ha dado origen a la **Seguridad como Código (Security as Code)**, aplicando el mismo enfoque declarativo de IaC a las políticas de seguridad. Aquí, los usuarios describen las políticas de infraestructura que desean aplicar, y las herramientas de automatización traducen estas descripciones en acciones concretas para prevenir accesos no autorizados a recursos en la nube o para hacer cumplir políticas de costos. Esta metodología mejora significativamente el cumplimiento normativo, permite implementaciones eficientes y ofrece un control granular sobre la infraestructura.

Es crucial que los profesionales de InfoSec, al adoptar la capacidad de definir controles más estrictos mediante estas herramientas, eviten la tentación de regresar a un rol de "guardianes". DevSecOps es una transformación cultural cuyo objetivo primordial es que los equipos de desarrollo, seguridad y operaciones colaboren sinérgicamente para generar valor empresarial a través de la entrega expedita de software seguro. Un ejemplo práctico de Seguridad como Código es la implementación de políticas para identificar y terminar recursos no utilizados o para controlar los costos en función de precios específicos, mitigando facturas de nube excesivas, como se ilustra con el uso de Sentinel de HashiCorp. Herramientas como Open Policy Agent (OPA), Apolicy de Aqua y Sentinel de HashiCorp son ejemplos de implementaciones de seguridad como código. Si bien los proveedores de nube ofrecen sus propias interfaces gráficas de usuario para crear políticas, es aconsejable utilizar herramientas agnósticas al proveedor para evitar el "vendor lock-in", garantizando que las políticas de seguridad sean tan adaptables como los recursos de aplicación e infraestructura subyacentes.

Integración Continua y Entrega Continua (CI/CD): El Motor de la Seguridad Ágil

Para una estrategia de **seguridad continua** efectiva, **Git** se consolida como la fuente central de verdad, abarcando tanto el código de la aplicación como el de la infraestructura. Una vez que el nuevo código se incorpora al repositorio, el **pipeline CI/CD** reacciona automáticamente, desencadenando una serie de tareas y acciones preconfiguradas. La **Integración Continua (CI)** implica que los desarrolladores de software combinan sus cambios de código de manera frecuente en un repositorio central, y tras cada fusión, se ejecutan compilaciones y pruebas automatizadas para validar la integridad de los cambios.

Por ejemplo, un flujo de trabajo en GitHub puede instalar dependencias de Python, ejecutar pruebas en un contenedor Ubuntu y realizar análisis de código (*linting*) en diversas versiones de Python.

La **Entrega Continua (CD)** describe un proceso similar, donde los cambios de código se liberan al entorno de desarrollo utilizando automatización, preparando el código para su eventual despliegue. Si el pipeline de CD se ejecuta con éxito, se genera una solicitud de fusión (*pull request*) y el código puede ser desplegado en producción. Un ejemplo ilustrativo es la acción de GitHub que ejecuta un escáner de vulnerabilidades Snyk sobre una imagen Docker. El pipeline CI/CD permite integrar pruebas de seguridad que se ejecutan automáticamente cada vez que se envía nuevo código, ya sea en una rama de característica o durante una solicitud de fusión a la rama principal. La decisión de cuándo insertar estas pruebas en el pipeline es crucial y debe tomarse en colaboración con el equipo de Aseguramiento de Calidad (QA), considerando la arquitectura de la aplicación (monolítica o microservicios), el tamaño del código fuente, el número de desarrolladores y la madurez del producto. Sin embargo, el objetivo primordial es **"mover la seguridad hacia la izquierda"** lo antes posible, proporcionando retroalimentación rápida a los equipos DevOps para una remediación eficiente.

Observabilidad: Inteligencia en Tiempo Real para la Seguridad

Como se abordó previamente, la seguridad de la información tradicionalmente ha dependido de herramientas de monitoreo que activan alertas ante eventos o umbrales específicos, lo que permite al personal de seguridad investigar y remediar incidentes. Sin embargo, la configuración y la investigación de incidentes con herramientas de monitoreo convencionales son procesos que consumen mucho tiempo. Este desafío se amplifica por la vasta cantidad de datos generados por las múltiples capas de red, virtualización y **contenerización**, dificultando a los equipos de seguridad obtener una visibilidad clara de su entorno, identificar amenazas y resolver vulnerabilidades en un plazo razonable.

El principio fundamental detrás de las herramientas de **observabilidad** es trascender las métricas individuales para proporcionar inteligencia contextual: una visibilidad completa del estado de seguridad de toda la pila tecnológica, con correlación de eventos y sugerencias de remediación. El objetivo es capacitar a los equipos para investigar un momento específico en el tiempo y tener acceso a todos los puntos de datos relevantes explorados y relacionados entre sí. Un componente clave de la observabilidad es la **extensibilidad**, que permite integrar la supervisión de seguridad directamente en el flujo de trabajo de desarrollo con mínima fricción. Muchas soluciones de seguridad modernas ofrecen extensibilidad a través de APIs, lo que facilita la configuración del monitoreo junto con el despliegue de la aplicación. Esto no solo economiza tiempo de configuración, sino que también promueve entornos más seguros, como se demuestra con configuraciones para monitorear la seguridad de contenedores utilizando Prometheus. La observabilidad, junto con la extensibilidad mediante código y APIs, es un componente vital para la proactiva gestión de la seguridad en el ecosistema DevSecOps.

Tabla 6 Relación y Contraste de Conceptos, Atributos y Mejores Prácticas DevSecOps

Elemento Clave	Concepto Central	Atributos Principales	Mejores Prácticas de la Industria	Frameworks Relacionados
Control de Versiones	Gestión de cambios en el código fuente y trazabilidad	Colaboración, historial de cambios, reversión, auditoría	Uso de Git, revisión de código, protección de ramas, autenticación 2FA	ISO/IEC 27001, NIST, GitOps
Infraestructura como Código (IaC)	Declaración y gestión automatizada de recursos de infraestructura	Estado deseado, trazabilidad, automatización, agilidad	Uso de Terraform, Ansible, CloudFormation; revisión de cambios y despliegue seguro	NIST, CIS Controls, GitOps
Seguridad como Código	Definición de políticas y controles de seguridad de forma declarativa y automatizada	Políticas reutilizables, cumplimiento automatizado, agnosticismo de proveedor	Implementar OPA, Sentinel, políticas como código, integración en pipelines	NIST, CIS Controls, DevSecOps Framework
CI/CD (Integración y Entrega Continua)	Automatización del ciclo de desarrollo, pruebas y despliegue	Automatización, retroalimentación rápida, integración de seguridad, reducción de errores humanos	Pruebas automatizadas de seguridad, escaneo de vulnerabilidades, revisión continua	NIST, OWASP SAMM, CIS Controls
Observabilidad y Monitoreo	Visibilidad integral del estado de seguridad y rendimiento	Correlación de eventos, alertas en tiempo real, análisis forense	Implementar Prometheus, ELK Stack, alertas proactivas, monitoreo continuo	NIST CSF, AWS Well-Architected
Colaboración y Cultura	Integración de equipos de desarrollo, operaciones y seguridad	Comunicación abierta, responsabilidad compartida, formación continua	Equipos multifuncionales, métricas de seguridad, sesiones de capacitación	DevSecOps Framework, NIST

Elemento Clave	Concepto Central	Atributos Principales	Mejores Prácticas de la Industria	Frameworks Relacionados
Automatización	Uso de herramientas para ejecutar tareas repetitivas y controles de seguridad	Consistencia, eficiencia, reducción de errores	Automatización de pruebas, despliegues y controles de acceso	CIS Controls, NIST
Shift Left Security	Integración temprana de la seguridad en el ciclo de vida del software	Identificación temprana de riesgos, prevención, reducción de costos	Escaneo desde etapas iniciales, revisión de dependencias, pruebas continuas	DevSecOps Framework, NIST
Cumplimiento y Auditoría	Aseguramiento de alineación con normativas y estándares	Trazabilidad, reportes, revisión de procesos	Auditorías periódicas, documentación exhaustiva, cumplimiento automatizado	ISO/IEC 27001, NIST, CIS Controls

Conclusión del Capítulo: Metodologías Clave para la Entrega Continua

El Corazón del Desarrollo Seguro: Control de Versiones

El **control de versiones (VCS)** es el punto de partida para cualquier estrategia de seguridad continua en el desarrollo de software. No es solo una herramienta para rastrear cambios en el código; es un facilitador de la colaboración segura. Sistemas como **Git**, la implementación predominante, permiten que equipos distribuidos trabajen de forma concurrente, gestionando y resolviendo conflictos de código. Más allá de la eficiencia operativa, un VCS bien configurado promueve la **revisión de código colaborativa**, una capa fundamental para identificar y mitigar vulnerabilidades tempranamente. La capacidad de revertir rápidamente a versiones anteriores acelera la remediación de errores, un aspecto crítico en la gestión de incidentes de seguridad.

La elección entre una solución **VCS autoalojada o SaaS** (como GitHub, GitLab o BitBucket) implica consideraciones estratégicas de seguridad. Optar por SaaS desplaza la carga de mantenimiento de la infraestructura subyacente al proveedor, aunque la responsabilidad de la **gestión de acceso, permisos y el uso de autenticación multifactor (2FA)** sigue siendo crucial para el equipo. Es imperativo **evitar la inclusión de secretos** (contraseñas, claves API) directamente en el código, ya que su exposición puede llevar a incidentes de seguridad de gran magnitud, como demostró el caso de

SolarWinds (Volz & Bing, 2021). Plataformas como GitHub y GitLab han evolucionado en ecosistemas de desarrollo completos, integrando **pipelines CI/CD** y capacidades de seguridad avanzadas como escaneo de código y detección de secretos. La adopción de flujos de trabajo como **Gitflow** por parte de equipos DevOps estructura el desarrollo y la entrega continua, añadiendo una capa de control y trazabilidad esencial para la seguridad.

Infraestructura como Código (IaC) y Seguridad como Código: La Automatización del Entorno

La **Infraestructura como Código (IaC)** representa un avance transformador hacia la seguridad continua. Al definir la infraestructura de forma declarativa en repositorios Git, se automatiza el despliegue de recursos como **contenedores** y clústeres de Kubernetes. Este enfoque garantiza que la infraestructura siempre refleje el estado deseado, eliminando la necesidad de acceso manual a servidores y mejorando la auditabilidad. Cada cambio se revisa y aprueba en el VCS, asegurando trazabilidad y cumplimiento con estándares como ISO 27001 y NIST.

La **Seguridad como Código** es la extensión natural de IaC. Permite definir políticas de seguridad y cumplimiento de forma declarativa, automatizando su aplicación y control. Esto no solo mejora la eficiencia en la gestión de costos en la nube, sino que también ofrece un control granular sobre el entorno. Herramientas como Open Policy Agent (OPA) y Sentinel (HashiCorp) ejemplifican esta capacidad. Es vital que los profesionales de InfoSec, al implementar controles más estrictos, recuerden que DevSecOps es una **transformación cultural** que busca la colaboración, no la imposición de barreras. La meta es crear valor empresarial a través de la entrega rápida y segura de software, donde la seguridad se integra y automatiza sin comprometer la agilidad.

CI/CD: Orquestando la Seguridad en el Flujo de Entrega

Las **pipelines de Integración Continua y Entrega Continua (CI/CD)** son el motor que impulsa la seguridad continua, utilizando Git como su fuente de verdad centralizada. Cada vez que se envía nuevo código, el pipeline automatiza una serie de tareas preconfiguradas. La **Integración Continua (CI)** valida la calidad e integridad del código al fusionar cambios frecuentemente y ejecutar pruebas automatizadas. Esto incluye el escaneo de código y la verificación de dependencias en cada integración.

La **Entrega Continua (CD)** extiende este proceso, automatizando el lanzamiento de cambios a entornos de desarrollo y preparando el código para su despliegue en producción. La integración de herramientas de seguridad en el pipeline CI/CD, como el escaneo de imágenes de contenedores con Snyk en GitHub Actions, permite ejecutar pruebas de vulnerabilidad en cada etapa del desarrollo. La decisión de cuándo y dónde insertar estas pruebas en el pipeline es estratégica y debe equilibrar la detección temprana de problemas con la minimización de retrasos, considerando factores como la arquitectura de la aplicación y el volumen de desarrollo. El objetivo principal es "mover la seguridad hacia la izquierda", proporcionando una retroalimentación ágil a los equipos DevOps para una corrección eficiente.

Observabilidad: La Visión Completa para la Respuesta de Seguridad

La **observabilidad** redefine el monitoreo de seguridad tradicional, ofreciendo una visión integral y correlacionada del estado de seguridad de toda la pila tecnológica. A diferencia de las herramientas de monitoreo convencionales, que pueden ser lentas y difíciles de configurar en entornos complejos con múltiples capas de red, virtualización y contenerización, la observabilidad proporciona inteligencia accionable. Permite a los equipos investigar un momento específico y acceder a todos los puntos de datos relacionados, facilitando la identificación de amenazas y la remediación de vulnerabilidades en tiempos significativamente reducidos.

La clave de la observabilidad reside en su **extensibilidad**. Al integrar la supervisión de seguridad directamente en el flujo de trabajo de desarrollo mediante APIs, se logra una configuración más sencilla y se promueven entornos intrínsecamente más seguros. Un ejemplo es la configuración de monitoreo de seguridad de contenedores con Prometheus, que demuestra cómo la observabilidad puede ser un componente nativo del ciclo de vida del software. Al adoptar estas metodologías, las organizaciones pueden transformar su capacidad para responder a incidentes, pasando de una postura reactiva a una de **preparación y resiliencia**.

8 LA EDUCACIÓN EN SEGURIDAD COMO MOTOR DE DEVSECOPS

La Imperativa de la Educación en Seguridad para DevSecOps

En el panorama tecnológico actual, donde la agilidad y la seguridad son pilares empresariales, la **educación en seguridad** se erige como un componente esencial de la **cultura DevSecOps**. No se trata simplemente de impartir conocimientos técnicos, sino de fomentar una comprensión arraigada de cómo los atacantes explotan las debilidades y, en consecuencia, cómo los equipos de ingeniería pueden construir defensas más efectivas. Un error común es asumir que conocer las buenas prácticas de diseño es suficiente; sin comprender el "por qué" detrás de estas prácticas, los ingenieros pueden omitir la implementación de lógicas seguras. Como se ha señalado, la falta de capacitación adecuada es una causa fundamental de vulnerabilidades (SANS Institute, 2024). Tanto los desarrolladores, al escribir código, como los ingenieros de operaciones, al mantener entornos seguros en pipelines CI/CD y en la infraestructura, necesitan comprender las implicaciones de sus acciones desde una perspectiva de seguridad. Esto se extiende a roles no técnicos, como los gerentes, quienes deben reconocer la formación en seguridad no como un mero requisito de cumplimiento, sino como una inversión continua crucial para la competitividad empresarial. La naturaleza cambiante de las tecnologías y los vectores de ataque exige un aprendizaje constante para evitar quedarse atrás o ser objetivo de ciberdelincuentes.

Estrategias de Aprendizaje: Flexibilidad y Adaptación

La efectividad de la educación en seguridad reside en su capacidad para adaptarse a las diversas necesidades y estilos de aprendizaje dentro de una organización. Los modelos de formación tradicionales, prescriptivos y unidireccionales, a menudo no logran una retención de conocimiento duradera. Como señala Ray Coulstock, experto en formación técnica, existen factores culturales y personales que influyen en cómo las personas responden a la educación. Por ello, una estrategia exitosa de DevSecOps debe ofrecer una variedad de opciones de aprendizaje adaptadas al individuo, basadas en los requisitos técnicos o comerciales específicos de la organización. La **sincronización** es clave: la formación debe coincidir con una necesidad inmediata, como la introducción de una nueva herramienta de seguridad en el pipeline DevOps o la necesidad de mitigar una vulnerabilidad específica. Esto garantiza que el conocimiento adquirido se aplique de inmediato, reforzando el aprendizaje. La **educación continua** se convierte así en una extensión natural de las prácticas Agile y DevOps de integración, entrega y despliegue continuos, proporcionando oportunidades para aprender sobre los requisitos funcionales y no funcionales relacionados con la seguridad en cada entrega de valor.

Campeones de Seguridad: Catalizadores del Conocimiento Colectivo

Dentro de cualquier organización, ciertos individuos desarrollan una pasión por la seguridad que va más allá de sus responsabilidades diarias. A estos les llamamos **campeones de seguridad**, y son fundamentales para la expansión del conocimiento en DevSecOps. Dada la escasez de profesionales de seguridad cualificados, identificar y nutrir a estos campeones es una estrategia de valor incalculable. Su experiencia en áreas como desarrollo de software o gestión de infraestructura, combinada con un creciente entendimiento de la seguridad, les permite actuar como facilitadores. Apoyan las revisiones de código, participan en el modelado de amenazas y asisten a sus compañeros en el análisis de resultados de herramientas de escaneo de seguridad.

La influencia de los campeones de seguridad trasciende equipos, ya que pueden propagar buenas prácticas de seguridad en todo el portafolio de productos. Es crucial no aislarlos en un único equipo de alto valor; permitirles trabajar como **influencias transversales** fomenta la emergencia de futuros campeones y evangelistas de seguridad. Su capacidad para escribir componentes reutilizables seguros, scripts para pipelines CI/CD y configurar herramientas de prueba de seguridad los convierte en actores clave en la integración de la seguridad en el proceso de desarrollo. Si bien no reemplazan a los equipos de seguridad central, los campeones actúan como un puente vital entre los especialistas en ciberseguridad y los ingenieros de DevOps, mejorando la colaboración y la entrega de productos más seguros para los clientes.

Gamificación y Formación Dirigida por Instructor: Aprendizaje Dinámico

Para maximizar el compromiso y la retención de conocimiento, la educación en seguridad debe ser atractiva. La **gamificación** transforma el aprendizaje en una experiencia interactiva y competitiva, donde los ingenieros resuelven vulnerabilidades en entornos simulados, como las aplicaciones deliberadamente inseguras OWASP Juice Shop y WebGoAT. Estos desafíos, a menudo con incentivos como certificaciones o torneos, fomentan la participación y el aprendizaje activo sobre cómo explotar y corregir debilidades en el código. Es fundamental equilibrar la competición con el apoyo a todos los participantes, y contar con el respaldo del liderazgo para asignar tiempo y recursos a estas iniciativas.

La **formación dirigida por instructor**, ya sea presencial o en línea, sigue siendo una opción valiosa cuando se aplica de manera estratégica. Su principal ventaja es la capacidad de adaptar el contenido a las necesidades específicas del negocio, enfocándose en vulnerabilidades recurrentes o contextualizando con el código fuente de la organización. Las sesiones presenciales fomentan la confianza e intimidad, permitiendo al instructor una comprensión más cercana de los desafíos operativos y la adaptación del curso en tiempo real. La modalidad en línea amplía la audiencia y reduce costos, aunque requiere fomentar la participación activa para mantener la interacción. En ambos casos, asegurar la confidencialidad de la información compartida y la gestión adecuada de dispositivos externos es primordial. Las conferencias, con sus talleres dirigidos por expertos de la industria, ofrecen una oportunidad para aprender sobre las últimas tendencias en DevSecOps y motivar a los equipos a aplicar nuevas habilidades en sus flujos de trabajo.

Aprendizaje Autodirigido y Colaborativo: Empoderando la Mejora Continua

El **aprendizaje autodirigido** es un complemento indispensable en el modelo DevSecOps, proporcionando a los ingenieros acceso continuo a recursos educativos que les permiten cerrar brechas de conocimiento y mantener el flujo de entrega. Este enfoque, que incluye libros, tutoriales en video, blogs y seminarios web, es rentable y accesible. Las organizaciones deben curar repositorios internos de recursos de seguridad, identificando materiales relevantes que complementen las tecnologías en uso. Es importante reconocer que muchos tutoriales técnicos pueden omitir consideraciones de seguridad, por lo que se debe alentar a los ingenieros a identificar estas brechas y documentar soluciones más seguras.

Más allá del autoaprendizaje individual, las metodologías colaborativas como la **programación en pareja** y las **revisiones por pares** son cruciales para la transferencia de conocimiento y la mejora de la calidad del código. La programación en pareja, aunque percibida como ineficiente, reduce la introducción de código vulnerable al fomentar la validación mutua y el intercambio de ideas seguras. Las revisiones por pares, especialmente cuando se refuerzan con *gateways* en el SCM y la participación de ingenieros de seguridad de aplicaciones (AppSec), aseguran que los cambios de código sean validados antes de la fusión.

La participación de AppSec en estas revisiones no solo educa a los desarrolladores sobre vulnerabilidades, sino que también permite a los ingenieros de seguridad mantenerse actualizados con las tecnologías de desarrollo. Finalmente, el **intercambio informal de conocimientos** mediante sesiones organizadas por los propios ingenieros, como "meetings informales" o "show-and-tells", fomenta una cultura de seguridad psicológica y celebra los logros en la mejora de la seguridad, propagando el conocimiento de manera orgánica y de bajo costo en toda la organización.

Experimentación y Lecciones de Incidentes: Reforzando la Resiliencia

La **experimentación** es un componente esencial del aprendizaje en DevSecOps. Permite a los equipos evaluar nuevas herramientas y funcionalidades, incluyendo las de seguridad, para determinar su efectividad en la mejora del diseño y la entrega. Este enfoque, donde las herramientas se seleccionan en colaboración entre seguridad y DevOps basándose en su precisión y facilidad de uso, reduce costos y mejora la seguridad general. Las características de seguridad también pueden validarse mediante experimentos A/B, equilibrando la experiencia del cliente con los beneficios de seguridad.

Aprender de los **incidentes de seguridad** en producción es una fuente de conocimiento invaluable. La cultura DevOps de "fallar rápido y aprender" implica que los equipos no solo remedian problemas, sino que también implementan mecanismos para prevenir futuras ocurrencias, como pruebas unitarias. Los incidentes revelan brechas en el conocimiento colectivo, lo que justifica la capacitación específica de los equipos de ciberseguridad. La **ingeniería del caos en seguridad**, inspirada en el "Chaos Monkey" de Netflix (Izrailevsky & Tseitlin, 2011), implica la creación deliberada de incidentes controlados en producción para probar la resiliencia de los servicios y educar a los ingenieros sobre cómo responder a ataques. Esto fomenta una mentalidad de seguridad proactiva y una mejor comprensión del impacto de los cambios de software en el entorno de producción. "Jugar a hackear" con herramientas como OWASP Juice Shop y WebGoAT también proporciona una experiencia educativa práctica y atractiva, enseñando a los ingenieros cómo las vulnerabilidades son explotadas y cómo construir aplicaciones seguras. Finalmente, la **certificación** es un motivador que valida las habilidades adquiridas, beneficiando tanto al individuo como a la organización al garantizar que los productos y servicios sean construidos por profesionales acreditados.

Evitando la Entropía: La Inversión Continua en Conocimiento

El conocimiento, al igual que los productos, está sujeto a la **entropía**, una pérdida de información causada por el desgaste del personal que se lleva consigo sus habilidades y por el avance tecnológico que supera las capacidades internas. No invertir en educación continua resulta en habilidades disminuidas, productos de menor calidad y una fuerza laboral desmotivada, afectando la rentabilidad. La inversión constante en educación es la contramedida para mitigar esta entropía, manteniendo el conocimiento actualizado dentro de la organización y permitiendo la entrega de productos de alta calidad y seguros.

Medir la entropía, aunque complejo, se puede inferir al observar la frecuencia de ciertas vulnerabilidades, el nivel de conocimiento del equipo para mitigarlas y la rotación de personal. Un conocimiento decreciente en un área específica incrementa el riesgo organizacional. La educación no es un evento puntual, sino un **proceso continuo** que debe integrarse en las actividades diarias de DevSecOps. Los ingenieros deben investigar continuamente las prácticas más efectivas y las tecnologías más recientes, utilizando una combinación de enfoques educativos. Cuanto menor sea la entropia del conocimiento y la habilidad, mayor será la capacidad de la organización para entregar productos innovadores y seguros.

Cultivando Capacidades Continuas

La integración efectiva de la seguridad en el ciclo de vida del desarrollo de software es un imperativo estratégico para las organizaciones modernas. Este enfoque, inherente a la filosofía DevSecOps, se cimienta en una cultura de aprendizaje continuo y en la capacitación especializada del personal técnico y gerencial. A continuación, se detalla una perspectiva ampliada sobre la educación en seguridad, su relevancia y las metodologías para su implementación.

Educación en Seguridad

La primera capa fundamental en el marco DevSecOps es la educación en seguridad, cuya trascendencia para las operaciones de desarrollo y la eficiencia operativa es innegable. Esta sección aborda cómo la instrucción en ciberseguridad puede ser estratégicamente implementada en la organización para fomentar una comprensión integral de los riesgos y las mejores prácticas. Se enfatiza la identificación de talentos con una inclinación particular hacia la seguridad dentro de los equipos de ingeniería, quienes pueden actuar como catalizadores en la elevación de las competencias de seguridad del personal DevSecOps. La meta es asegurar que la organización mantenga un nivel de conocimiento y habilidades de seguridad constantemente actualizado, lo que es crucial para la entrega sostenida de productos de alta calidad y la protección de los activos empresariales frente a amenazas emergentes.

Importancia de la Educación en Seguridad

El conocimiento es, sin duda, un activo invaluable. Una comprensión clara de cómo un adversario puede explotar vulnerabilidades en aplicaciones o infraestructuras permite a los ingenieros concebir y desarrollar código con una mentalidad de seguridad intrínseca. Si bien la adopción de principios de diseño robustos constituye una medida paliativa frente al código susceptible, a menudo los ingenieros no internalizan la justificación subyacente de por qué ciertas prácticas de codificación son desaconsejables. Por ejemplo, aunque reconozcan la conveniencia de utilizar objetos inmutables, podrían no comprender la criticidad de esta práctica desde una perspectiva de seguridad en entornos de contenedores o microservicios. De manera similar, la inconsistencia en la implementación de reglas de validación en las aplicaciones, especialmente en pipelines de CI/CD gestionados por herramientas como GitLab o Azure DevOps, conduce a una complejidad inmanejable, incentivando a los desarrolladores a optar por soluciones menos rigurosas y, por ende, menos seguras.

Cuando los ingenieros DevSecOps poseen el "qué" hacer, pero carecen del "por qué" o el "cómo" ejecutarlo, la probabilidad de que implementen lógicas o algoritmos que, aunque sean los más seguros, disminuye significativamente. Es, por tanto, esencial que los desarrolladores adquieran los fundamentos de la codificación segura y comprendan las implicaciones directas de la escritura de código vulnerable en el contexto de un pipeline de entrega continua. Paralelamente, los ingenieros de operaciones deben dominar el mantenimiento de entornos seguros, tanto en la cadena de herramientas de CI/CD como en la infraestructura subyacente donde se despliega el software, incluyendo la gestión de orquestadores de contenedores. SANS ha reiterado consistentemente que una de las causas principales de vulnerabilidades en ciberseguridad es la asignación de responsabilidades de seguridad a personal sin la capacitación adecuada, ni el tiempo necesario para adquirir las habilidades requeridas (SANS Institute, n.d.).

La relevancia de la educación en seguridad se extiende a todos los roles, incluso aquellos sin una marcada especialización técnica. Los líderes de equipo, por ejemplo, deben poseer una comprensión actualizada de las tecnologías emergentes, incluyendo marcos de desarrollo modernos, lenguajes de programación recientes y el vasto ecosistema de herramientas en la nube. Estos líderes están motivados por objetivos de integrar nuevas habilidades en sus equipos para acelerar la entrega de funcionalidades y características, optimizando la eficiencia y reduciendo costos. Sin embargo, la capacitación en seguridad a menudo se percibe como una obligación de cumplimiento normativo, en lugar de una inversión estratégica. En un panorama tecnológico en constante evolución, donde nuevas tecnologías se introducen con regularidad y los vectores de ataque exponen vulnerabilidades inéditas, el aprendizaje continuo es indispensable para la viabilidad comercial de la organización. Sin una estrategia de aprendizaje proactiva, las organizaciones corren el riesgo de perder competitividad o, peor aún, de ser blanco de ciberataques.

En diversos sistemas educativos, incluyendo el del Reino Unido, la formación tiende a ser prescriptiva, repetitiva y unidireccional. Este modelo, donde un instructor imparte conocimientos a un grupo de estudiantes siguiendo un currículo predefinido, a menudo se replica en el ámbito corporativo, con instructores internos o externos enseñando nuevas habilidades. Frecuentemente, este proceso se automatiza mediante videos y tutoriales en línea, culminando en una evaluación que verifica la asimilación de los conceptos. El desafío de este enfoque radica en que no todos los participantes adquieren conocimientos aplicables más allá del contexto de una prueba o curso. Para que la educación sea verdaderamente efectiva en un entorno DevSecOps, los empleados deben tener acceso a una gama diversificada de opciones de aprendizaje que se adapten a sus estilos individuales y necesidades específicas del proyecto.

Ray Coulstock, con más de dos décadas de experiencia en capacitación técnica global, subraya la influencia de factores culturales en la respuesta individual a la educación. En ciertas culturas, la formación es más directiva, proporcionando instrucciones paso a paso para la comprensión de conceptos; en otras, los estudiantes adoptan un rol más proactivo, expandiendo el conocimiento inicial proporcionado por el instructor. Coulstock también destaca que, además de las diferencias culturales, las preferencias personales influyen en el aprendizaje: algunos responden a estímulos auditivos, otros a visuales, y algunos a escritos, mientras que unos pocos se benefician de los tres. Sus experiencias le han enseñado que la capacitación debe integrarse en un plan de aprendizaje más amplio, personalizado para cada individuo. Afirma que "no tiene sentido enviar a alguien a un curso si no va a usar la nueva habilidad en su día a día desde el primer día". El plan debe estar alineado con los requisitos específicos que satisfacen una necesidad de negocio, como la implementación de características de seguridad en un pipeline de Azure DevOps.

Por ejemplo, si los ingenieros están desarrollando una funcionalidad que requiere autenticación multifactor, es imperativo que comprendan las implicaciones de seguridad para diseñar una solución robusta. Se debe proporcionar al ingeniero la oportunidad de adquirir las habilidades necesarias y aplicarlas directamente a los productos en desarrollo. Simultáneamente, el ingeniero debe tener la posibilidad de colaborar con sus pares, facilitando la transferencia de conocimiento y la consolidación de la habilidad en el equipo DevSecOps.

Es fundamental alentar a los miembros del equipo a identificar el formato de aprendizaje que mejor se adapte a sus preferencias, así como los temas que potenciarán su capacidad para entregar valor a los clientes. Como líder, es su responsabilidad asignar los recursos financieros necesarios para que el personal siga el plan de aprendizaje más beneficioso. Esto se traducirá en productos y servicios confiables, seguros y modernos que sus clientes disfrutarán, reforzando la confianza y la lealtad.

La sincronización es un factor crítico, ya que gran parte del conocimiento adquirido puede disiparse rápidamente si no se aplica. Por lo tanto, es crucial que la capacitación coincida con una necesidad técnica o empresarial inmediata. Por ejemplo, al introducir una nueva herramienta de seguridad en el pipeline DevSecOps, o cuando existe una iniciativa para reducir incidentes relacionados con una vulnerabilidad específica que los ingenieros deben aprender a identificar y corregir, la formación debe ser oportuna y relevante.

Las metodologías Ágil y DevOps promueven las prácticas de integración continua, entrega continua y despliegue continuo. A estas se suma la educación continua. Con cada entrega de software, se presenta una oportunidad para aprender sobre la interacción de los clientes con los productos y servicios de la organización. Adicionalmente, se genera una ocasión para educar a todos los involucrados en la cadena de valor sobre los requisitos funcionales y no funcionales relacionados con la seguridad, desde la fase de diseño hasta la operación en entornos de producción. En esta sección, se describen las metodologías educativas empleadas para incrementar el conocimiento en seguridad dentro de la organización. Sin embargo, antes, se destacará un grupo de individuos que desempeñarán un rol pivotal en el ecosistema DevSecOps.

Campeones de Seguridad

Cada individuo responde de manera única a la educación. Algunos adquieren solo lo necesario para cumplir con sus tareas, otros profundizan más allá de lo requerido, y un pequeño porcentaje puede encontrar dificultades para asimilar ciertos conceptos esenciales para su desempeño. Esta es una distribución esperable en cualquier organización. No obstante, ocasionalmente, surgen individuos que, al aprender una nueva disciplina, descubren una verdadera pasión. Desde una perspectiva ejecutiva, es crucial nutrir esta chispa, proporcionando al individuo el tiempo y los recursos para su desarrollo. En un contexto donde la industria enfrenta desafíos para encontrar suficientes profesionales de seguridad cualificados para apoyar el crecimiento de la ingeniería de software, identificar y empoderar a los miembros de la organización dispuestos a reorientar su carrera hacia la seguridad es de vital importancia. A medida que estos individuos expanden su conocimiento y habilidades en seguridad, complementando sus competencias existentes, se transforman en actores clave para asistir a los equipos DevOps en la mejora de la seguridad de los productos que desarrollan. A estas figuras se les denomina "campeones de seguridad".

Los campeones de seguridad desempeñan un papel significativo en la educación continua de otros miembros del equipo. Su contribución incluye el apoyo en revisiones de código entre pares, la participación activa en ejercicios de modelado de amenazas y la asistencia a sus colegas en el análisis de los resultados de las herramientas de escaneo de seguridad, integradas en pipelines de CI/CD como los de GitLab o Azure DevOps. La ventaja primordial de los campeones de seguridad radica en que, además de su creciente dominio en ciberseguridad, suelen poseer una función central con habilidades especializadas en áreas como desarrollo de software, arquitectura de sistemas o gestión de configuración. A medida que se introducen diversas herramientas educativas para fortalecer la seguridad en el ciclo de vida de entrega, es fundamental identificar a estos campeones de seguridad en etapas tempranas para continuar invirtiendo en su desarrollo. Su entusiasmo por la seguridad elevará la postura de seguridad general de los productos que contribuyen a entregar. También se les debe facultar para actuar como influenciadores transversales dentro de la organización, asistiendo a múltiples equipos de entrega en la mejora de la seguridad de los productos en los que trabajan. Aunque resulte tentador asignarlos exclusivamente a los equipos que gestionan los productos de mayor valor económico, no se debe aislar a estos talentos. Al otorgar a los campeones de seguridad un ámbito de acción más amplio, tienen el potencial de cultivar futuros campeones y evangelistas de seguridad en todo el portafolio de productos de la organización.

Los campeones de seguridad que provienen del ámbito del software o la infraestructura también son cruciales para integrar la seguridad en el proceso de desarrollo desde sus cimientos. Estos individuos son candidatos ideales para la creación de componentes reutilizables con seguridad inherente, que otros desarrolladores pueden consumir al construir software. Asimismo, están excepcionalmente preparados para desarrollar scripts de seguridad que se integren directamente en el pipeline de CI/CD o para configurar las herramientas utilizadas en las pruebas de seguridad de los productos, como escáneres de vulnerabilidades en contenedores.

Es importante destacar que los campeones de seguridad no son expertos en seguridad en el sentido tradicional, y no se debe esperar que reemplacen la totalidad de las funciones de un equipo de seguridad centralizado. Sin embargo, su rol puede actuar como un puente de comunicación y colaboración entre los especialistas en ciberseguridad de la organización y los ingenieros de DevOps, mejorando la sinergia entre ambos grupos y, en última instancia, proporcionando resultados superiores para los clientes.

En las ocasiones en que ingenieros de seguridad han transitado de roles centrales de ciberseguridad a posiciones de desarrollo, han asumido un rol similar al de un campeón de seguridad. Su principal fortaleza reside en la vasta experiencia en seguridad que aportan a un equipo DevOps y en su capacidad para inspirar y motivar a los futuros campeones de seguridad dentro de la organización.

A través de programas de educación estratégicamente diseñados, se identificarán ingenieros motivados a expandir continuamente su conocimiento y habilidades en seguridad. A medida que estos individuos maduran en su comprensión y confianza, también pueden educar e inspirar a otros ingenieros DevOps, fomentando una cultura donde la seguridad se integra de manera efectiva y se ejecuta con excelencia.

Aprendizaje Gamificado

La educación debe ser una experiencia atractiva y motivadora. Cuanto mayor sea el disfrute de los participantes en el proceso de aprendizaje, más probable será que se mantengan comprometidos con el tema, lo que, a su vez, incrementa su potencial para asimilar un mayor volumen de conocimiento. La gamificación, en su esencia, es la aplicación de elementos y mecánicas de juego a contextos no lúdicos, como la obtención de puntuaciones o la competición. Sin embargo, en el ámbito del aprendizaje, la gamificación es más compleja. Su objetivo es potenciar el disfrute, la participación y la lealtad de los aprendices al ejecutar una serie de tareas que, en última instancia, elevan sus capacidades y conocimientos. Existen numerosos proveedores que ofrecen servicios de gamificación, cuyos juegos asumen una comprensión fundamental de las prácticas de codificación y pueden ofrecer módulos específicos para lenguajes de desarrollo de aplicaciones como Java y .NET, o lenguajes de infraestructura como Terraform y Ansible, relevantes en entornos de contenedores y orquestación.

Comúnmente, los participantes reciben una descripción detallada de un tipo particular de vulnerabilidad o debilidad común, junto con un entorno de desarrollo integrado (IDE) emulado que contiene código con un ejemplo de dicha vulnerabilidad. Estas herramientas permiten a los jugadores explotar directamente las debilidades en el código. La práctica de "hackear" código en un entorno seguro es una forma lúdica para que los ingenieros comprendan la calidad deficiente que puede tener el código y sus consecuencias. Para acumular puntos en el juego, el ingeniero debe corregir la vulnerabilidad. Frecuentemente, se incorporan incentivos adicionales para los participantes, como programas de certificación o torneos, que pueden ser integrados en plataformas como Azure DevOps para seguimiento de progreso. Los programas de certificación otorgan insignias de honor o logros, que mejoran el perfil profesional de los individuos o aumentan su autoestima. Los torneos fomentan una competencia constructiva entre individuos y equipos, quienes se esfuerzan por mejorar su estatus dentro de la organización como líderes en seguridad. Con cada torneo exitoso, pueden consolidar su posición, incentivándolos a aprender continuamente sin necesidad de directrices explícitas. Matias Madou, cofundador y CTO de Secure Code Warrior, aconseja a quienes gestionan lenguajes y torneos: "No se enfoquen solo en los líderes. También necesitan centrarse en los que están rezagados para mantenerlos comprometidos. No quieren perderlos."

Es habitual el uso de herramientas de gamificación de terceros. Si bien es posible recopilar e interpretar datos en tiempo real internamente para diseñar desafíos personalizados, esto no es estrictamente obligatorio; sin embargo, se recomienda para involucrar a los ingenieros en la construcción de productos y servicios. La educación desempeña un papel vital en la enseñanza de cómo abordar tipos específicos de vulnerabilidades. Por ejemplo, una organización podría medir el número de vulnerabilidades identificadas y corregidas por cada ingeniero durante un período determinado. Aunque este escenario demanda un nivel elevado de madurez dentro del equipo, no solo para identificar y resolver problemas, sino también para disponer de métricas claras, permite la integración de la gamificación en tiempo real en paneles de control. Un paso inicial podría ser la recopilación de información sobre la adopción de herramientas de seguridad, fomentando la competencia entre equipos para incorporar herramientas de prueba de seguridad en sus flujos de trabajo de CI/CD. Con el tiempo, se puede cuantificar el número de vulnerabilidades que estas herramientas identifican antes de registrar el tipo de parche aplicado y por quién, lo que forma parte del proceso de evaluación. Esta modalidad de gamificación fomenta una competencia saludable entre equipos e individuos para reducir las vulnerabilidades introducidas en el entorno, haciendo el trabajo más estimulante.

La gamificación, cuando se implementa correctamente, puede generar un alto nivel de compromiso entre los ingenieros, lo cual es crucial en la cultura DevSecOps. Debasis Das, un gerente en uno de los bancos digitales más grandes del mundo, ha implementado un producto de gamificación de seguridad en la división digital de su empresa en India. Él identifica varios factores clave que contribuyeron a la amplia aceptación de la gamificación entre sus equipos DevOps. Esta alta adopción ha resultado en una reducción significativa del número de vulnerabilidades introducidas en las soluciones de software que los equipos DevOps desarrollan. La realización de torneos regulares ha sido particularmente exitosa, pero Debasis enfatiza que deben ejecutarse de manera adecuada para evitar la apatía entre los ingenieros. Un torneo exitoso debe ofrecer incentivos tangibles sin fomentar la arrogancia; por lo tanto, recomienda que los equipos e individuos compitan por premios que representen un esfuerzo valioso. Si los premios tienen un valor percibido por los ingenieros, es más probable que deseen participar activamente. También aconseja que el equipo de liderazgo de la organización respalde plenamente los torneos para evitar conflictos de prioridades entre la entrega de proyectos y las actividades de ingeniería. Los equipos de liderazgo deben estar dispuestos a permitir que el personal se desconecte durante al menos medio día para la realización del torneo. Debasis afirma que los líderes deben: "acordar una hora y bloquear en los calendarios de los ingenieros la participación en el torneo". Los equipos de liderazgo también deben apoyar la educación continua de los ingenieros, asignando un porcentaje de la carga de trabajo del personal de ingeniería a la gamificación, así como a otras formas de aprendizaje formal y práctico, no solo en seguridad, sino en todas las áreas que mejoran la calidad de los productos finales.

Gamificación Autodirigida versus Torneos

En el ámbito de la gamificación, los participantes suelen tener la flexibilidad de aprender a su propio ritmo, pero es fundamental proporcionarles herramientas que capten y mantengan su interés. Al explorar los juegos populares en diversas tiendas de aplicaciones, se observa una gran variedad de títulos con cualidades adictivas. Los juegos exitosos son intuitivos, presentan múltiples niveles con dificultad progresiva, ofrecen recompensas (a menudo denominadas "cofres del tesoro") y brindan oportunidades para compartir los logros con compañeros. El aprendizaje de seguridad a través de la gamificación proporciona una experiencia similar, motivando a los jugadores a navegar por una serie de vulnerabilidades de complejidad creciente para identificarlas, explotarlas y corregirlas. Tras alcanzar ciertos hitos, las herramientas pueden recompensar al usuario con insignias o certificados que pueden ser compartidos en redes sociales, lo que fomenta el reconocimiento profesional. Frecuentemente, también incluyen tablas de clasificación integradas que permiten a los individuos comparar su progreso. Esto puede actuar como un incentivo para los de mejor rendimiento, aunque es crucial mitigar la desmotivación entre aquellos que no obtienen resultados sobresalientes.

A pesar de sus beneficios, este enfoque autodirigido no es universalmente adecuado. Algunos ingenieros pueden verse limitados por restricciones de tiempo o por otros factores que obstaculizan su avance. En tales casos, la organización de un torneo de codificación de seguridad se convierte en una alternativa valiosa para proporcionar una formación estructurada y organizada. Los torneos pueden ser diseñados para equipos o individuos, y se otorgan premios a los ganadores, lo que añade un incentivo competitivo. Aunque un torneo puede implicar una porción significativa de la fuerza laboral de ingeniería durante un período prolongado, las recompensas se ven compensadas por la mejora en la calidad del código y la potencial reducción de vulnerabilidades que se descubren en un entorno de producción. Es un principio establecido en DevSecOps que la corrección de defectos o fallas en producción es considerablemente más costosa que su resolución en etapas tempranas del ciclo de vida. Un ingeniero bien capacitado y motivado tiene una mayor probabilidad de detectar errores durante el desarrollo, antes de que la aplicación sea desplegada en un entorno en vivo, lo que minimiza el riesgo y el costo asociado.

Una de las posibles desventajas de la gamificación es que, para obtener una ventaja competitiva, los jugadores podrían optar por sobresalir en áreas que ya dominan, en lugar de concentrarse en adquirir nuevos conocimientos. Fomentar que los ingenieros exploren nuevas habilidades y prueben módulos inéditos dentro de la plataforma de gamificación puede ser extremadamente beneficioso. La cantidad de módulos completados y la calidad de los resultados obtenidos pueden integrarse en paneles de control y utilizarse como una métrica de éxito para individuos y equipos, incentivando la exploración y el aprendizaje continuo en el contexto de las prácticas DevSecOps.

Capacitación Dirigida por un Instructor

Existen defensores que sostienen que la formación tradicional dirigida por un instructor debería ser adoptada por más empresas. Sin embargo, considero que las organizaciones pueden beneficiarse de la formación en seguridad dirigida por instructores si se aplica de manera estratégica y contextualizada. La ventaja principal reside en la capacidad de adaptar el contenido del curso a las necesidades específicas del negocio: el material puede enfocarse en tipos particulares de debilidades de seguridad identificadas durante evaluaciones de vulnerabilidad, o el curso puede contextualizarse con ejemplos extraídos directamente del repositorio de código fuente de la organización, lo que es especialmente relevante para equipos que utilizan GitLab o Azure DevOps para la gestión de su código. A diferencia de los modelos educativos escolares donde los profesores siguen un currículo preestablecido sin considerar la motivación de los estudiantes, en el ámbito empresarial, se debe evitar la tentación de adherirse a un plan de estudios fijo si este no se alinea con los requisitos de la organización, especialmente si el curso es inflexible por parte del instructor. Es crucial recordar que se trabaja con profesionales que ofrecen un servicio; por lo tanto, la organización tiene la potestad de diseñar un plan de estudios que satisfaga sus necesidades específicas de DevSecOps.

En cualquier formación dirigida por un instructor, es imperativo solicitar al proveedor la firma de un acuerdo de confidencialidad (NDA) y restringir el acceso a los recursos estrictamente necesarios para la ejecución de la capacitación. Si se requiere una clave de acceso para las instalaciones, asegúrese de que dicho acceso sea limitado y exclusivo para el período de la formación. Si el instructor necesita acceder a recursos digitales en la red corporativa, implemente políticas rigurosas para minimizar dicho acceso al mínimo indispensable. El instructor podría intentar conectar dispositivos como memorias USB, medios removibles, o laptops y tablets a la red para compartir documentos con los asistentes. Para proteger a la empresa de malware o virus que puedan instalarse accidentalmente o deliberadamente, es fundamental adherirse a las políticas de seguridad de la organización relativas a BYOD (Bring Your Own Device).

El componente humano en la formación dirigida por un instructor es un factor significativo, ya que proporciona una oportunidad invaluable para que los estudiantes formulen preguntas específicas, profundicen en un tema o aclaren un punto. En el ámbito empresarial, un instructor eficaz puede discernir, a partir de la retroalimentación de los estudiantes durante el curso, el resultado óptimo tanto para los participantes como para la organización. Los estudiantes pueden establecer una relación sólida con el instructor, lo que fomenta un entorno de aprendizaje ideal. Esto se traduce en que los ingenieros DevSecOps adquieran una comprensión clara de la seguridad en el contexto de sus actividades diarias, a través de una conversación bidireccional y dinámica con el instructor, lo que facilita la aplicación práctica de los conocimientos en sus pipelines de desarrollo y operación.

El costo es a menudo un factor limitante para la formación presencial dirigida por instructores. Sin embargo, la capacitación en línea puede mitigar este aspecto, además de expandir el alcance de la audiencia y reducir los gastos de viaje tanto para el instructor como para los asistentes. Herramientas de videoconferencia remota como Zoom, Microsoft Teams y Google Meet hacen que este enfoque sea significativamente más accesible y eficiente para la capacitación de equipos distribuidos geográficamente en DevSecOps.

Formación en el Aula Dirigida por un Instructor

Las sesiones de formación en seguridad que se llevan a cabo en un aula están típicamente diseñadas para grupos reducidos y suelen extenderse por dos o tres días. La ventaja principal de este formato es la capacidad del instructor para construir una relación de intimidad y confianza con los estudiantes. Aunque cualquier instructor presentará a cada participante dentro de los límites formales de una lección, un instructor eficaz establecerá una conexión informal con los estudiantes y comenzará a fomentar una relación antes de que inicien las clases. Incluso los estudiantes más introvertidos pueden ser activamente incluidos en las discusiones que tienen lugar en el aula, promoviendo un ambiente de aprendizaje colaborativo esencial para la cultura DevSecOps.

Las relaciones interpersonales, cruciales para el intercambio de conocimientos, a menudo se forjan durante las pausas para el café o el almuerzo. Con esto en mente, es recomendable que los ingenieros que asisten a clases de seguridad se abstengan de regresar a sus tareas laborales durante los recesos, de atender llamadas, responder correos electrónicos o ponerse al día con sus compañeros. El objetivo es maximizar la interacción y el networking informal, lo que contribuye a una comprensión más holística de los desafíos de seguridad.

Uno de los beneficios distintivos de la formación en el aula es la oportunidad para que el instructor se integre con los equipos DevOps durante sus actividades diarias, observando de primera mano los desafíos prácticos que la formación necesita abordar. Una vez en el aula, el instructor puede trabajar directamente con el software de aplicación y el código de infraestructura, incluyendo configuraciones de contenedores o scripts de automatización en GitLab o Azure DevOps, para identificar y abordar los tipos más comunes de vulnerabilidades presentes en el código fuente del equipo. En este escenario, es altamente recomendable solicitar al formador la firma de un acuerdo de confidencialidad, y también se debe pedir que todo el material de formación permanezca en posesión de la organización, asegurando la propiedad intelectual y la continuidad del conocimiento.

Las sesiones de formación en el aula suelen tener lugar en un espacio cerrado que proporciona un entorno seguro para discusiones confidenciales. La apertura y franqueza de este ambiente permiten al instructor concentrarse en los problemas reales que enfrentan los ingenieros DevOps, desde la gestión de secretos en contenedores hasta la seguridad de pipelines de CI/CD. Los asistentes aprenden a identificar y corregir problemas en sus productos y pueden reconocer las debilidades más comunes en sus sistemas. La capacidad del tutor para ajustar el curso según las necesidades reales de los equipos DevOps produce resultados superiores en comparación con clases menos interactivas, ya que el aprendizaje se vuelve directamente aplicable y relevante.

Capacitación en Línea Dirigida por un Instructor

La formación en línea dirigida por un instructor ofrece ventajas comparables a la capacitación presencial en el aula, en el sentido de que puede adaptarse a los requisitos específicos de la organización y brinda a los asistentes la oportunidad de interactuar directamente con el instructor.

El beneficio primordial de este formato es su capacidad para alcanzar una audiencia más amplia de manera más eficiente y rentable. Utilizando herramientas de videoconferencia, el instructor y los estudiantes pueden compartir una transmisión de video en vivo, permitiendo que todos se vean entre sí, lo que fomenta un sentido de comunidad. Se recomienda encarecidamente que se anime a todos a activar sus cámaras para crear un entorno más inclusivo y participativo. Cada asistente y el instructor también pueden compartir sus pantallas, proporcionando un nivel adicional de interacción y facilitando la demostración de conceptos técnicos, como la configuración de seguridad en un entorno de contenedores o la depuración de un pipeline de GitLab.

Sin embargo, el tamaño de la audiencia y las limitaciones inherentes a las tecnologías de videoconferencia resultan en una menor intimidad en comparación con la formación en aula. El efecto de esto es una estructura jerárquica dentro del aula virtual, donde los estudiantes más seguros de sí mismos tienden a ser más participativos, mientras que otros pueden optar por un perfil bajo y participar mínimamente o nada. Existen herramientas efectivas que el instructor puede emplear para brindar a los estudiantes la oportunidad de formular preguntas, incluso de forma anónima. Estas herramientas permiten a los individuos escribir sus preguntas para que puedan ser compartidas con otros, votadas por la comunidad y respondidas por el instructor o incluso por otros estudiantes con mayor conocimiento, fomentando un aprendizaje colaborativo.

La formación en línea tiende a ser de menor duración que la presencial, cubriendo unas pocas horas por día como máximo. Esto implica que el temario debe ser más formal y estructurado, con menos oportunidades para ajustar el contenido a medida que avanza el curso.

Este desafío puede mitigarse consultando el contenido del curso con el instructor antes de su inicio. Una estrategia efectiva es solicitar a los equipos DevOps que colaboren con el área de seguridad para identificar los tipos de vulnerabilidades más recurrentes dentro de la organización. Los resultados de este ejercicio pueden discutirse con el instructor para acordar un contenido de curso que aborde directamente las necesidades más críticas de seguridad, asegurando la relevancia y el impacto del aprendizaje.

El principal inconveniente de los cursos en línea dirigidos por un instructor es la ausencia de oportunidades para que el instructor construya relaciones informales con los estudiantes durante las pausas: no hay conversaciones espontáneas junto al dispensador de agua ni durante el almuerzo. Por lo tanto, habrá menos ocasiones para obtener una comprensión más profunda de los problemas prácticos que el curso busca resolver, lo que puede limitar la contextualización del aprendizaje en el día a día de un ingeniero DevSecOps.

La formación en línea dirigida por instructores también es un formato popular utilizado por proveedores que ofrecen capacitación sobre sus productos, como herramientas de pruebas de seguridad para aplicaciones que los ingenieros de operaciones necesitan integrar en el pipeline de CI/CD, o tecnologías de desarrollo específicas y frameworks que los ingenieros de software utilizan. Estos cursos suelen estar meticulosamente preparados por los formadores de los proveedores, con poca flexibilidad en el contenido. No obstante, los ingenieros DevOps se beneficiarán enormemente al observar a expertos en la materia utilizando las herramientas que planean integrar, lo que les permitirá comprender cómo maximizar la eficiencia y la seguridad en su flujo de valor.

Es relevante destacar que las sesiones en línea suelen grabarse para que puedan ser reproducidas por cualquier persona que desee aprender el tema en un momento más conveniente. Evidentemente, estas grabaciones no ofrecerán oportunidades para hacer preguntas en tiempo real, pero sí brindan a los asistentes y a otros la posibilidad de revisar el material a su propio ritmo. Es fundamental fomentar una cultura de seguridad psicológica dentro de los equipos DevOps; sin embargo, lamentablemente, los asistentes son menos propensos a "sacar a la luz" problemas o debilidades en sesiones grabadas, lo que puede llevar a evitar temas controvertidos y a no abordar posibles deficiencias en las habilidades de los equipos.

Entrenamiento en Conferencias Dirigidas por Instructores

Numerosas conferencias de seguridad y DevOps ofrecen sesiones de capacitación especializadas, adicionales a las sesiones regulares de la conferencia. Estos cursos, que suelen durar uno o dos días antes o después del evento principal, son impartidos por expertos reconocidos en la materia, autores influyentes o líderes tecnológicos. En muchos casos, estos expertos participan activamente en las sesiones de la conferencia, presentando charlas, facilitando discusiones grupales o formando parte de paneles de debate.

Ocasionalmente, los temas abordados en los cursos de las conferencias cubren áreas que se encuentran en la vanguardia del conocimiento tecnológico. Este es un aspecto crucial en el dinámico mundo de la tecnología, particularmente en DevSecOps, donde el panorama ha estado en constante evolución desde la acuñación del término, incluyendo la rápida adopción de la contenerización y la orquestación de microservicios.

El principal atractivo para la mayoría de los asistentes a conferencias es la oportunidad de recibir capacitación de líderes de la industria. Muchos de estos instructores son figuras prominentes en sus campos, habiendo publicado artículos, libros, podcasts o siendo activos en redes sociales. La capacitación en conferencias representa una opción económicamente viable cuando la contratación de un experto para capacitar a un grupo selecto en la propia organización podría resultar prohibitivamente costosa.

Si miembros de sus equipos DevOps asisten a una conferencia que ofrece un paquete de formación, puede ser beneficioso permitir que colegas altamente motivados se unan a las sesiones de capacitación para obtener una cobertura más profunda sobre un tema de su interés. En última instancia, esto puede beneficiar a su organización, ya que el personal motivado regresa con entusiasmo a su lugar de trabajo para experimentar con sus nuevas habilidades, optimizar procesos y flujos de trabajo (incluyendo pipelines de GitLab o Azure DevOps), y entregar resultados superiores a sus clientes.

Las conferencias son foros de gran valor para el autoaprendizaje de los empleados. Los asistentes no solo se benefician de las numerosas charlas y presentaciones, sino que también pueden aprender de las discusiones que se producen entre sesiones, donde los delegados comparten sus experiencias y ofrecen consejos. Es común que los empleados que asisten a estas sesiones regresen a su lugar de trabajo con un alto nivel de motivación. La clave reside en capitalizar adecuadamente este aumento de entusiasmo. Los miembros del equipo que regresan de una conferencia pueden aplicar sus nuevas habilidades de seguridad en los flujos de valor en los que están trabajando. Además, se debe alentar a los delegados a compartir sus conocimientos recién adquiridos con otros dentro de la organización; sin embargo, es fundamental evitar que los asistentes se conviertan en cuellos de botella para el resto del equipo. Frecuentemente, los presentadores de conferencias ponen su material a disposición del público después de cada sesión; este material puede compartirse con quienes no asistieron, especialmente si la sesión cubre un tema relevante para los productos o tecnologías que se utilizan en la organización.

Las conferencias son plataformas ideales para que los empleados adquieran nuevas habilidades o conocimientos sobre tecnologías emergentes. Son tanto motivacionales como educativas. Aunque es poco probable que el presupuesto permita la asistencia de todos los interesados, ofrecer la participación en conferencias como una recompensa a aquellos que han demostrado aptitud para el aprendizaje y la capacidad de compartir sus conocimientos puede generar un retorno de inversión considerable para la organización en términos de mejora de la seguridad y eficiencia en DevSecOps.

Aprendizaje a Tu Propio Ritmo

Muchas personas poseen una automotivación intrínseca cuando se trata de adquirir nuevos conocimientos. Están dispuestas a dedicar tiempo, a menudo fuera de su horario laboral, a leer y experimentar con tecnologías emergentes para comprender cómo pueden optimizar los productos y servicios que desarrollan. Existe una vasta cantidad de recursos disponibles para quienes optan por este enfoque de aprendizaje autónomo. Estos incluyen materiales impresos tradicionales como libros y revistas (aunque muchos están disponibles en formatos electrónicos o digitales); recursos en línea como blogs especializados, seminarios web y tutoriales interactivos; y una infinidad de videoclips cortos accesibles a través de plataformas como YouTube. Desde una perspectiva organizacional en DevSecOps, es crucial que los miembros del equipo se enfoquen en temas directamente relevantes para los objetivos de la empresa. Esto es particularmente importante en el contexto de la ciberseguridad, ya que los individuos podrían concentrarse en áreas de interés personal que no se alinean con los requisitos estratégicos de seguridad de la organización, como la seguridad de contenedores o la gestión de secretos en pipelines de CI/CD.

La creación de un repositorio interno de formación con recursos enfocados en seguridad puede contrarrestar este desafío. El equipo de seguridad de la organización puede desempeñar un papel clave en la identificación y curación de recursos de seguridad pertinentes que beneficiarán directamente a los equipos de entrega. Se puede establecer una biblioteca interna de libros y revistas que aborden tanto la seguridad general como las tecnologías específicas utilizadas dentro de la organización. Asimismo, es posible desarrollar una colección en línea de recursos relevantes, incluyendo enlaces a blogs, videos y artículos técnicos sobre DevSecOps.

Cuando la seguridad no es el tema central del material de aprendizaje, los recursos de formación autónoma tienden a enfocarse en los problemas técnicos que intentan resolver, sin necesariamente enfatizar los elementos de seguridad de la solución. De hecho, es común que los autores ignoren por completo los aspectos de seguridad o, al menos, incluyan una advertencia de que debería considerarse un control de seguridad, pero que carecen de espacio, tiempo o incluso conocimiento para incluirlo en el texto. Como ejercicio complementario, se debe alentar a los equipos DevOps a identificar estas deficiencias y documentar soluciones más seguras, por ejemplo, para la gestión de imágenes de contenedores o la configuración de seguridad en Azure DevOps. La biblioteca interna debe contener material que cubra específicamente la seguridad, y es importante motivar a los miembros del equipo a integrar estos recursos en sus planes curriculares de autoaprendizaje.

Al proporcionar acceso, recursos y tiempo para que los ingenieros de DevOps se capaciten en seguridad, es más probable que participen activamente en un enfoque de aprendizaje autónomo. A diferencia de los cursos dirigidos por instructores, esta metodología no se ve afectada por problemas de programación o disponibilidad. Siempre que los recursos relevantes sean accesibles, los ingenieros utilizarán el material para superar obstáculos cuando lo necesiten. En un entorno DevOps, la disponibilidad de material pertinente para la resolución de problemas contribuye a eliminar bloqueos y mejora la fluidez del flujo de trabajo del equipo, lo que es esencial para la entrega continua y la mitigación de riesgos.

El aprendizaje autónomo también es una opción rentable. Algunos recursos estarán disponibles para su compra, como libros y tutoriales (aunque estos son económicos en comparación con los costos de clases o conferencias dirigidas por instructores); sin embargo, existe una vasta cantidad de material educativo gratuito disponible en línea, particularmente recursos ofrecidos por organizaciones como OWASP, SANS, MITRE y agencias gubernamentales locales. Las siguientes subsecciones ofrecen un resumen de los diversos tipos de recursos de aprendizaje autónomo y su relevancia para la seguridad en el contexto de DevSecOps.

Tutoriales

Un método popular de aprendizaje a tu propio ritmo es el uso de tutoriales en línea. Los tutoriales son videoclips que proporcionan una guía paso a paso que los ingenieros DevOps pueden seguir en su propio entorno de pruebas o laboratorio. Generalmente, son efectivos para ayudar a los ingenieros a superar un obstáculo específico dentro de su flujo de trabajo; sin embargo, la seguridad suele ser una consideración posterior o se omite por completo, a menos que el tema principal del tutorial sea la seguridad. Los ingenieros deben ser conscientes de esta limitación para evitar el riesgo de introducir vulnerabilidades de seguridad en la aplicación o la infraestructura de código, especialmente al trabajar con configuraciones de contenedores o scripts de automatización en GitLab o Azure DevOps.

Por otro lado, muchos tutoriales pueden ser altamente efectivos para enseñar a los ingenieros cómo escribir código de forma segura, por ejemplo, demostrando cómo modificar configuraciones predeterminadas inseguras, gestionar secretos de manera robusta o establecer canales de comunicación seguros entre componentes de microservicios. Algunos tutoriales son específicos de proveedores, como los de proveedores de servicios en la nube o herramientas de seguridad. Estos pueden ofrecer suscripciones a canales de video dedicados que contienen una gran cantidad de material educativo sobre diversos temas, y los proveedores pueden ofrecer paquetes donde los ingenieros se suscriben a temas específicos dentro de estos canales. Esto evita que los ingenieros se vean abrumados con contenido que no es relevante para sus necesidades inmediatas. Los proveedores tecnológicos también pueden ofrecer cursos de aprendizaje en video que cubren temas específicos como parte de sus propios programas de aprendizaje en línea. En algunos casos, pueden ofrecer certificaciones reconocidas por la industria que permiten a los estudiantes obtener recompensas por completar exitosamente un programa de aprendizaje en línea, lo que valida sus habilidades en DevSecOps.

Muchos tutoriales son presentados por expertos reconocidos en el campo de la seguridad y DevOps, cuyo estatus de "celebridad" los hace particularmente atractivos para los ingenieros. Algunos de estos expertos pueden ser internacionales, lo que convierte esta oportunidad en la única vía para que los estudiantes aprendan de sus referentes. En el ámbito de DevOps y seguridad, estos expertos suelen tener una amplia base de seguidores y su contenido en línea es altamente valorado. Colaborar con los equipos para poner este contenido a disposición de todos los miembros, particularmente el material basado en suscripciones, fomenta el aprendizaje de las mejores prácticas y la adopción de conocimientos avanzados en la organización.

Libros, Revistas y Documentos Técnicos

La accesibilidad a libros, revistas y documentos técnicos que cubren una gama inimaginable de temas está profundamente arraigada en nuestro estilo de vida, desde librerías en línea que ofrecen formatos impresos y digitales hasta comunidades en línea que publican y comparten revistas, documentos técnicos y blogs. En ocasiones, la forma más económica y sencilla de comprender un tema es mediante la lectura y la posterior práctica de lo aprendido.

A lo largo de los años, numerosos libros publicados se han convertido en adiciones esenciales en las bibliotecas personales de los profesionales de TI. Estos volúmenes suelen centrarse en principios o ideas que han sido objeto de investigación o desarrollo durante años, o en nuevas metodologías de trabajo que han alcanzado una adopción generalizada. Durante los inicios del movimiento ágil, Martin Fowler y Kent Beck fueron coautores de varios libros que conservan su relevancia hoy en día. Robert C. Martin publicó obras fundamentales sobre diseño y desarrollo de aplicaciones, cuyos principios continúan siendo pilares para los desarrolladores. Actualmente, gran parte de la arquitectura de aplicaciones modernas se inspira en el "Gang of Four" (Gamma, Helm, Johnson y Vlissides) y su estudio sobre Patrones de Diseño (Gamma et al., 1995), así como en el Diseño Dirigido por el Dominio (Domain-Driven Design) de Eric Evans (Evans, 2003). Más recientemente, Jez Humble, Gene Kim, John Willis y Patrick Debois han documentado las mejores prácticas para la adopción de DevOps (Humble & Farley, 2010; Kim et al., 2013). Las organizaciones deben considerar la inversión en la creación de una biblioteca selecta de este tipo de libros, a la que los ingenieros puedan recurrir repetidamente. Sin embargo, es prudente ser cauteloso al invertir en libros que puedan quedar obsoletos rápidamente.

La mayoría de los libros y revistas, especialmente en formato impreso o archivados en sitios web, pueden volverse obsoletos con celeridad, particularmente si se centran en una versión específica de software o tecnología, como las versiones de GitLab o Azure DevOps. Si se decide invertir en libros de tecnología específica, es preferible buscar versiones electrónicas, ya que es más probable que se mantengan actualizadas. Los materiales desactualizados incrementan el riesgo de que los ingenieros desarrollen productos defectuosos al referenciarse en prácticas anticuadas y potencialmente inseguras, lo que va en contra de los principios de DevSecOps.

Muchos de estos autores han producido documentos técnicos y artículos que profundizan en sus temas especializados. Estas fuentes a menudo complementan sus libros con los últimos avances en tecnología y seguridad, o abordan temas que no estaban disponibles en el momento de la redacción de los libros. Se debe alentar a los ingenieros DevOps que muestren interés en estos expertos de la industria a buscar documentos técnicos u otros materiales escritos por los autores y a construir una biblioteca en línea de su trabajo, fomentando la curación de conocimiento relevante.

A pesar de las limitaciones del formato impreso, sigue siendo un medio eficaz para quienes disfrutan de la lectura. Aunque no se adapta a todos los estilos de aprendizaje, una biblioteca accesible que contenga copias físicas de libros sobre temas de interés para los miembros del equipo es un recurso valioso. Es un medio eficiente y de bajo costo para introducir principios y conceptos establecidos en un equipo. Integrar la lectura y la experimentación en los flujos de trabajo diarios brinda a los miembros del equipo la oportunidad de estudiar técnicas que eventualmente podrán aplicar a su conjunto de habilidades, elevando la calidad y eficiencia de su trabajo y resultando en clientes satisfechos.

Seminarios Web

Los seminarios web en vivo suelen ser eventos en línea programados, organizados por grupos comunitarios establecidos o proveedores de tecnología. Su objetivo principal es ofrecer la perspectiva de un experto en un campo particular o de un representante de una empresa tecnológica, para presentar investigaciones recientes o temas que puedan ser de utilidad para los asistentes. Los seminarios web suelen ser gratuitos y normalmente se llevan a cabo fuera del horario laboral. El principal atractivo de asistir a seminarios web es la oportunidad de adquirir nuevos conocimientos de profesionales que ya han enfrentado desafíos técnicos significativos y están dispuestos a compartir sus hallazgos con sus pares. Existen numerosos seminarios web que cubren temas de DevOps y seguridad, y estas sesiones a menudo se graban y se ponen a disposición en línea poco después de la finalización del evento. Incorporar estas grabaciones a la biblioteca de recursos de aprendizaje en línea de la organización es una práctica excelente para la continuidad del conocimiento. Durante las sesiones en vivo, los asistentes pueden tener la oportunidad de formular preguntas para clarificar su comprensión o para desafiar al ponente en un punto específico. Las sesiones grabadas, evidentemente, no permiten esta interacción en tiempo real; por esta razón, la organización debe alentar a sus ingenieros a asistir a eventos en vivo, incluso si se realizan durante el horario laboral (quizás debido a diferencias de zona horaria). Mantener un calendario en línea de eventos futuros y pasados, categorizados por tema, facilita a los miembros del equipo el acceso a los recursos relevantes. No todos los seminarios web están bien presentados, por lo que se debe animar a los ingenieros que asistan a eventos en vivo a escribir reseñas para que puedan ser clasificados y priorizados en consecuencia.

Reflexiones Finales sobre el Aprendizaje Autodirigido

El aprendizaje autodirigido se alinea de manera más efectiva con la dinámica de las prácticas DevOps que la formación dirigida por un instructor. Proporciona a los ingenieros acceso constante al material educativo necesario para superar las brechas de conocimiento que podrían generar cuellos de botella en el pipeline de entrega continua. Este enfoque fomenta un entorno de aprendizaje constante, equipando a los ingenieros con las herramientas necesarias para tomar decisiones informadas en el desarrollo de los productos de la organización. El aprendizaje autodirigido requiere una menor inversión financiera en comparación con la formación dirigida por un instructor, aunque la inversión de tiempo por parte del individuo puede ser mayor. Sin embargo, los beneficios son sustanciales, ya que los ingenieros están mejor preparados para diseñar y desarrollar aplicaciones y servicios seguros, así como la infraestructura en la que se alojan, incluyendo la gestión de contenedores y la seguridad de pipelines en plataformas como GitLab o Azure DevOps. Al igual que con el formato tradicional profesor-estudiante, el aprendizaje autodirigido no es adecuado para todos; algunas personas son más proactivas que otras en la mejora de sus habilidades. Existen metodologías alternativas como la programación en pareja y las sesiones de intercambio de conocimientos, que se explorarán a continuación.

Programación en Pareja y Revisiones por Pares

El conocimiento dentro de una organización, especialmente en el ámbito de la ingeniería de software, a menudo es más extenso de lo que se percibe inicialmente. Los ingenieros experimentados en un equipo comparten una vasta riqueza de conocimientos entre sí. Es posible que hayan enfrentado desafíos similares en proyectos anteriores, o que su pasión por las tecnologías que utilizan fomente un enfoque disciplinado para adquirir un conocimiento más profundo sobre ellas. Sin embargo, es común que los ingenieros trabajen de forma aislada y rara vez tengan la oportunidad de transmitir su conocimiento a sus colegas con menos experiencia. En su libro "Extreme Programming Explained", Kent Beck promueve el uso de la programación en pareja como una forma más productiva de entregar valor mediante el intercambio de conocimientos e ideas innovadoras (Beck, 1999). La Programación Extrema (XP) es una metodología ágil radical que incorpora algunas de las formas más puras del marco ágil, mientras que la programación en pareja implica a dos ingenieros trabajando juntos en la misma estación de trabajo para desarrollar una funcionalidad. Beck enfatiza que la programación en pareja no es un ejercicio de tutoría; sin embargo, un ingeniero con menos experiencia aprenderá significativamente de uno con más experiencia a lo largo de varios meses, hasta que la brecha de conocimiento entre la pareja se reduzca. Además, la programación en pareja mejora la calidad del código porque los hábitos de codificación menos óptimos de un ingeniero serán detectados y corregidos por el otro. A pesar de la percepción de ineficiencia al tener a dos ingenieros colaborando, esta práctica optimiza el intercambio de conocimientos y minimiza el riesgo de introducir código de menor calidad, incluyendo vulnerabilidades de seguridad. Los dos ingenieros pueden validar principios de codificación segura, compartir ideas sobre la forma más robusta de configurar o escribir código, y explorar opciones para desarrollar pruebas unitarias que ayuden a mitigar posibles vulnerabilidades, lo que es fundamental en un enfoque DevSecOps.

Una forma menos intensiva de compartir conocimiento entre ingenieros senior y junior es fomentar revisiones periódicas de código dentro del flujo de trabajo de DevOps. Esto implica, típicamente, que un ingeniero senior revise y valide la calidad del código escrito por un ingeniero menos experimentado antes de que el código sea consolidado en una rama de lanzamiento (release branch). El ingeniero senior probablemente identificará errores y proporcionará sugerencias para su corrección. El ingeniero junior adquiere nuevos conocimientos y habilidades, y potencialmente evita la incorporación de prácticas deficientes en su flujo de trabajo. La efectividad de esta forma de aprendizaje depende de la capacidad de los ingenieros senior para revisar cada cambio de código realizado por los miembros junior del equipo. El software de gestión de control de versiones (SCM), como Git en entornos de GitLab o Azure DevOps, puede configurarse con puertas de calidad que obliguen a la revisión del código antes de su confirmación en la rama de lanzamiento.

Sin embargo, es crucial que esto no se convierta en un "ejercicio de cumplimiento" donde el ingeniero senior aprueba un cambio de código sin verificar su calidad. La solución es asegurar que los cambios de código enviados sean de tamaño reducido. Como señaló Giray Özil (y se reitera en "The DevOps Handbook"), "Pide a un programador que revise diez líneas de código, encontrará diez errores. Pídele que revise quinientas líneas, y dirá que todo parece bien" (Kim et al., 2013). La utilización de herramientas de análisis estático de código, como SAST integradas en el pipeline de CI/CD, para identificar rápidamente código potencialmente vulnerable, ayuda a enfocar la atención del revisor en las áreas críticas.

Las revisiones por pares y la programación en pareja solo son efectivas para identificar posibles vulnerabilidades si el conocimiento y la habilidad del revisor o de los programadores alcanzan un estándar suficientemente elevado. Por lo tanto, la participación de ingenieros de seguridad de aplicaciones (AppSec) o ingenieros de ciberseguridad en este proceso añade un valor considerable a las revisiones, aportando una perspectiva especializada en la identificación y mitigación de riesgos de seguridad.

Participación de Ingenieros AppSec en Revisiones de Código

Si la organización tiene la ventaja de contar con equipos de ingenieros de seguridad de aplicaciones (AppSec), se puede establecer un entorno colaborativo donde los ingenieros de DevOps y los ingenieros de seguridad trabajen conjuntamente en la revisión de la base de código. Esto podría implicar que un ingeniero AppSec revise código ya finalizado o que colabore directamente con uno o más ingenieros DevOps durante la fase de escritura del código, lo que fomenta una integración temprana de la seguridad en el ciclo de desarrollo.

Esta colaboración permite a los ingenieros AppSec compartir su conocimiento especializado con los ingenieros de software o de infraestructura, elevando la postura de seguridad de la aplicación y la infraestructura, incluyendo la configuración de contenedores y la seguridad en la nube. Por ejemplo, si un ingeniero de software no está familiarizado con las vulnerabilidades de inyección SQL y ha introducido esta debilidad en el código, sería altamente beneficioso que el ingeniero AppSec guiara al desarrollador a través de un escenario de ataque de inyección SQL y explicara las razones por las cuales el código escrito de esa forma es deficiente. Solo a través de la comprensión y la observación directa de los peligros potenciales de escribir dicho código —en lugar de solo ver el error corregido por el ingeniero AppSec— el desarrollador internalizará la importancia de sus acciones y adoptará prácticas de codificación segura.

No debemos subestimar los beneficios que esta colaboración aporta también a los ingenieros AppSec. En el desarrollo de aplicaciones, las tecnologías están en constante evolución, incluyendo nuevos marcos de trabajo, lenguajes y plataformas de contenedores. Involucrar a los ingenieros AppSec en la programación en pareja y en las revisiones de código les brinda la oportunidad de aprender sobre las tecnologías y marcos utilizados dentro de las cadenas de valor de DevOps, preparándolos mejor para apoyar y educar a los ingenieros en la escritura de código seguro.

Como se mencionó anteriormente, el número de ingenieros AppSec suele estar significativamente subrepresentado en las organizaciones en comparación con la cantidad de ingenieros de software. El concepto de campeones de seguridad, introducido previamente en este capítulo, es crucial aquí. A medida que se cultivan estos campeones de seguridad, se les debe alentar a enfocarse en educar a otros individuos para que realicen revisiones de código con una mentalidad de seguridad. También pueden identificar debilidades de seguridad durante la programación en pareja. Esto ampliará la responsabilidad de los campeones de seguridad para propagar el conocimiento de seguridad dentro del equipo. Si es factible, las sesiones de programación en pareja y las revisiones de código deberían emparejar a quienes poseen un buen conocimiento de seguridad con aquellos que tienen poca o ninguna experiencia en el tema.

El intercambio de conocimientos entre individuos que han adquirido recientemente habilidades de seguridad y aquellos que aún no las han aprendido puede contribuir significativamente a la expansión del conocimiento de seguridad en toda la organización. Los equipos se beneficiarán al disponer del tiempo, el espacio y los recursos para llevar a cabo sesiones informales de intercambio de conocimientos, como reuniones tipo "almuerzo y aprendizaje" y sesiones cortas de capacitación. También se debe invitar a miembros del equipo central de ciberseguridad a compartir conocimientos de seguridad durante estas sesiones informales, fortaleciendo la colaboración interdepartamental.

Intercambio Informal de Conocimientos sobre Seguridad

El intercambio de conocimientos entre ingenieros AppSec o campeones de seguridad y los ingenieros DevOps no requiere un plan de estudios formal. Por el contrario, hacer que las sesiones de intercambio de conocimientos sean atractivas y divertidas fomentará una mayor participación, tanto como educadores como estudiantes, o incluso en ambos roles. Idealmente, estas sesiones deben ser informales, organizadas por los propios ingenieros para el beneficio de sus pares. La organización debe facilitar la realización de estas reuniones proporcionando presupuesto para materiales, así como alimentos y bebidas, y asignando tiempo para que los ingenieros participen. También puede brindar apoyo logístico, como la reserva de salas o la instalación de señalización. Las sesiones deben ser regulares, pueden organizarse en ciclos de sprint, y deben estar abiertas a cualquier persona que desee asistir, para fomentar el intercambio de conocimientos en toda la organización y no limitarse a equipos de ingeniería específicos.

La forma de estas sesiones puede variar considerablemente. Las sesiones tipo "bolsa de almuerzo" (lunch-and-learn) se realizan, como su nombre indica, a la hora del almuerzo; son sesiones informales que suelen cubrir un tema específico, sin una agenda rígida. Los temas pueden estar relacionados con problemas de seguridad comunes que los expertos en la materia de la organización pueden demostrar, utilizando el código con el que han trabajado los ingenieros, al tiempo que se alienta al grupo a proponer sugerencias para mejorar la seguridad del código. El resultado es una mayor implicación de los participantes en la prevención o mitigación de las vulnerabilidades más recurrentes dentro de la organización, lo que es crucial en un entorno DevSecOps.

Se debe alentar a los ingenieros a organizar sesiones de capacitación o presentaciones sobre un tema específico que sea relevante para el equipo y que mejore los resultados dentro de la cadena de valor. Por ejemplo, las sesiones pueden abordar la implementación de una herramienta de prueba de seguridad de aplicaciones en un pipeline de GitLab o Azure DevOps, las implicaciones de una amenaza CVE (Vulnerabilidades y Exposiciones Comunes) recientemente descubierta, o describir nuevas características de seguridad de una tecnología utilizada por los ingenieros, como la seguridad de contenedores. Estas sesiones permiten a los individuos compartir lo que han aprendido, creando una vía para la diseminación de nuevas habilidades o tecnologías. Observar a sus compañeros presentar puede motivar a otros miembros del equipo a seguir su ejemplo y a presentar en futuros eventos. Además, enseñar una materia es una excelente manera de consolidar el propio conocimiento.

Las sesiones tipo "show-and-tell" permiten a los ingenieros DevOps mostrar características, capacidades o metodologías en las que han trabajado recientemente. Ofrecen a los equipos la oportunidad de celebrar los logros con otros equipos dentro de la organización; sin embargo, la tendencia en estas sesiones es centrarse en el valor para el cliente en lugar de en los requisitos no funcionales como el rendimiento y la seguridad. La seguridad también debe ser objeto de celebración, y se debe alentar a los equipos a incorporar las medidas de seguridad implementadas recientemente en sus presentaciones. Los equipos pueden, por ejemplo, compartir cómo redujeron la cantidad de vulnerabilidades o falsos positivos reportados en una prueba, o cómo implementaron exitosamente una característica de certificación en un entorno con contenedores. Compartir habilidades y conocimientos en seguridad entre los flujos de valor promueve buenas prácticas de seguridad en toda la organización y mejora la calidad y robustez de todos los productos.

A través de estas diversas sesiones informales de intercambio de conocimientos, se puede celebrar el éxito de todos los involucrados en la mejora de la seguridad, brindándoles una plataforma para mostrar sus capacidades. A su vez, sus compañeros se sentirán plenamente comprometidos en el proceso, lo que permitirá que la educación en seguridad se propague por toda la organización de manera eficiente y con un costo razonablemente bajo.

Experimentación

La forma más efectiva de adquirir nuevas habilidades es mediante la práctica activa. Hay momentos en los que un ingeniero solo comprende las complejidades de una nueva tecnología o proceso a través del ensayo y error. En el marco de DevOps, las cadenas de valor utilizan la experimentación como un principio fundamental para ofrecer los mejores resultados a los clientes. Esto implica que los equipos DevOps pueden trabajar en nuevas características o productos y entregarlos a pequeños grupos de clientes para evaluar su recepción. Aquellos que son mejor recibidos por los clientes se integran como características estándar, mientras que los menos exitosos son descartados, archivados o reelaborados y presentados como un nuevo experimento.

La experimentación también puede aplicarse al proceso de evaluación de nuevas herramientas o tecnologías para su integración en las cadenas de valor del producto. Aquellas que demuestren mejorar la eficiencia y seguridad en el diseño, desarrollo y entrega de funcionalidades serán adoptadas y escaladas dentro del flujo de trabajo, mientras que las menos efectivas serán rápidamente descartadas. Por ejemplo, los ingenieros pueden optar por adoptar herramientas de pruebas de seguridad de aplicaciones estáticas (SAST); sin embargo, su efectividad debe evaluarse en función de resultados tangibles. Aquellas que proporcionen el mayor beneficio en términos de precisión (identificación de vulnerabilidades genuinas), facilidad de integración (utilizables dentro del IDE o el pipeline de construcción en GitLab o Azure DevOps) y facilidad de uso (para identificar y corregir vulnerabilidades) serán adoptadas, mientras que otras serán rechazadas. Este enfoque reduce costos (al adoptar solo herramientas efectivas) y mejora la seguridad (todos se benefician del uso de la herramienta). Es crucial resistir la tentación de permitir que los equipos de seguridad evalúen y adquieran herramientas de seguridad de forma unilateral, y en su lugar, fomentar una cultura donde los ingenieros de seguridad colaboren con los ingenieros DevOps para seleccionar las herramientas más adecuadas para sus cadenas de valor.

Las características de seguridad también pueden evaluarse de manera similar. Para ilustrar con un ejemplo básico, si los ingenieros dudan sobre qué metodología de autenticación ofrece la mejor experiencia al cliente, pueden desarrollar dos funciones de autenticación y desplegarlas en un experimento tipo A/B para determinar cuál produce el resultado óptimo. Las métricas recopiladas por herramientas de información de gestión (MI) pueden identificar que una función tiene una mayor tasa de abandono o que conduce al cliente a una interacción más prolongada. Estas mediciones pueden evaluarse junto con los beneficios desde una perspectiva de seguridad para proporcionar una valoración más equilibrada de la función basada en el impacto comercial. En el escenario de ejemplo, el impacto negativo debido a la falta de compromiso del cliente podría superar la ventaja de utilizar una función que ha reducido la seguridad pero que es más sencilla de usar para los clientes. En última instancia, comprender que este tipo de prueba es parte integral del proceso educativo y que esta experimentación genera una experiencia de aprendizaje invaluable en el contexto de DevSecOps.

Los experimentos tienen una mayor probabilidad de ser efectivos si todo el equipo de entrega está involucrado. Si la tarea se asigna solo a uno o dos ingenieros senior dentro de un equipo, será difícil obtener el respaldo del resto de los miembros. Por otro lado, si todos participan, se sentirán plenamente comprometidos y parte del proceso de toma de decisiones, además de beneficiarse al adquirir una nueva habilidad o tecnología. También facilitará la adopción de la tecnología o producto por parte de todo el equipo, promoviendo una cultura de seguridad colaborativa.

Aprender de los Incidentes

Los incidentes que afectan a los sistemas en producción, especialmente los incidentes de seguridad, suelen ser noticias desfavorables para todos los involucrados. DevOps fomenta la práctica de "fallar rápido y aprender" de las métricas de producción, lo que implica que los ingenieros abordan el problema a través del monitoreo y la alerta, lo resuelven y extraen lecciones para evitar su recurrencia. Para cosechar los beneficios de aprender de los errores, es crucial establecer mecanismos que verifiquen una condición y que fallen cuando esa condición no se cumpla. Por ejemplo, se pueden escribir pruebas unitarias para que la misma situación pueda ser capturada durante el desarrollo, donde los ciclos de retroalimentación son más rápidos y el problema es más económico de corregir, integrando la seguridad desde las etapas iniciales del pipeline de CI/CD.

El monitoreo de incidentes también ofrece oportunidades para identificar qué debilidades son más recurrentes y sugiere una posible brecha en el conocimiento colectivo del equipo de entrega. Por lo tanto, se debe involucrar a los equipos de ciberseguridad para que proporcionen capacitación a los equipos, con el fin de reducir la frecuencia de aparición del problema en producción, lo que es un pilar de la mejora continua en DevSecOps.

Los incidentes no son inherentemente disruptivos, pero pueden proporcionar información valiosa sobre el rendimiento de una aplicación en producción si es objeto de un ataque. Por ejemplo, un usuario podría haber olvidado genuinamente sus credenciales de acceso e intentar iniciar sesión varias veces con contraseñas diferentes. Este es un escenario legítimo; sin embargo, también podría indicar un ataque de fuerza bruta. Una solución sencilla es limitar el número de intentos de inicio de sesión para un único usuario, lo cual suele configurarse en los ajustes de la aplicación. Pero, ¿cuántos intentos se deben permitir? No se desea permitir tan pocos que un cliente válido se vea bloqueado al iniciar sesión, ni tantos que un atacante pueda autenticarse con éxito mediante un ataque de fuerza bruta. Los ingenieros pueden determinar el enfoque óptimo de autenticación a través de la experimentación, utilizando métricas de sistemas de monitoreo. Aunque este es un ejemplo simple, subraya que el análisis de eventos reales y el aprendizaje derivado pueden mejorar la seguridad del producto y generar mejores resultados para el cliente.

La implementación de un mecanismo de "falla rápida y aprendizaje" permite a los equipos DevOps identificar problemas con celeridad y corregirlos antes de que escalen. También contribuirá a desmentir suposiciones sobre cómo deben funcionar las características de seguridad en producción, lo que conduce a una mayor confianza en la postura de seguridad cuando ocurre un incidente o se lanza una nueva característica.

Practicar Incidentes de Seguridad

La idea de crear deliberadamente un incidente de seguridad en producción para evaluar la resiliencia de los servicios operativos puede ser intimidante. Sin embargo, el resultado de dicho incidente ofrece una oportunidad invaluable para aprender cómo mejorar la resiliencia y, por ende, fortalecer los servicios que la organización brinda a sus clientes. Esta metodología fue introducida por Netflix y documentada en una entrada de blog por Yury Izrailevsky y Ariel Tseitlin en 2011 (Izrailevsky & Tseitlin, 2011). Netflix desarrolló una herramienta denominada Chaos Monkey, que apaga aleatoriamente una instancia en producción para determinar si el servicio es lo suficientemente resiliente como para evitar la interrupción del cliente. La premisa se basa en la analogía de un mono en un centro de datos que desconecta cables al azar durante el horario laboral. Si Chaos Monkey no afecta al cliente, los servicios son resilientes; si hay consecuencias, los ingenieros pueden aprender de la experiencia y construir mayor resiliencia en el servicio. Desde la creación de Chaos Monkey, Netflix ha desarrollado herramientas similares que apuntan a condiciones anómalas específicas para probar la capacidad de la organización para sobrevivir a ellas. Estas se conocen colectivamente como el "Ejército Simio" (Chaos Engineering, n.d.). Desde una perspectiva de seguridad, algunos elementos del Ejército Simio se emplean para determinar la resiliencia frente a ataques a la confidencialidad, integridad y disponibilidad. Por ejemplo, Doctor Monkey reduce el riesgo de ataques de denegación de servicio al permitir que los ingenieros construyan resiliencia contra eventos que impactan recursos como la carga de la unidad central de procesamiento (CPU), y Security Monkey revisa violaciones de seguridad, incluyendo grupos de seguridad mal configurados o certificados digitales inválidos. Cuando se apagan instancias, incluso en un entorno controlado, los ingenieros aprenden a abordar los problemas, lo que mejora su pensamiento crítico (por ejemplo, los certificados TLS caducados no son aceptables) y les enseña cómo incidentes de seguridad específicos afectan sus servicios, incluyendo aquellos desplegados en contenedores o gestionados por Azure DevOps.

La implementación de prácticas similares en la organización podría mejorar la seguridad de las aplicaciones, servicios e infraestructura, así como educar a los ingenieros que construyen aplicaciones y servicios con una mentalidad centrada en la seguridad. Esto fomenta la apertura y colaboración entre seguridad, desarrolladores y operaciones, ayudándolos a comprender mejor el impacto que un cambio en el software puede tener en el entorno de producción, lo que es esencial para una cultura DevSecOps madura.

'Jugar' a Hackear

Algunos ingenieros encuentran que la práctica de "hackear" una aplicación es educativa, gratificante y estimulante. Es fundamental aclarar que no se sugiere fomentar el hackeo de sitios web aleatorios, ya que esto acarrearía graves problemas legales. Sin embargo, existen numerosas herramientas diseñadas para apoyar la educación a través del hacking ético. Es importante tener en cuenta que la mayoría de estas son herramientas especializadas utilizadas por probadores de penetración, cazadores de recompensas y hackers éticos (así como no éticos). Por ejemplo, Metasploit, un producto comercial mantenido por Rapid7, contiene un conjunto de herramientas empleadas para irrumpir en sistemas remotos y asistir a las empresas en la identificación de vulnerabilidades en sus productos. Para complementar estas herramientas, se han creado una serie de máquinas virtuales (VMs) deliberadamente vulnerables, como Metasploitable, que permiten a los probadores de penetración o a los ingenieros interesados en la organización perfeccionar sus habilidades en un entorno controlado. Alternativamente, los ingenieros pueden practicar con VMs que albergan sistemas operativos antiguos y sin parches, como Windows XP, para comprender las vulnerabilidades inherentes a software obsoleto.

No es razonable esperar que los ingenieros de software u operaciones sean expertos en el uso de productos diseñados para capacitar a probadores de penetración. Sin embargo, el Proyecto de Seguridad de Aplicaciones Web Abiertas (OWASP, por sus siglas en inglés) ofrece como uno de sus productos insignia una herramienta de código abierto llamada Juice Shop, una aplicación diseñada específicamente para ayudar a los ingenieros DevOps a aprender sobre seguridad. La aplicación Juice Shop contiene una gran cantidad de errores de seguridad que han sido incluidos intencionalmente en el sitio web. Los ingenieros trabajan a través de escenarios de hacking ético que les permiten explotar las vulnerabilidades y, al hacerlo, aprenden cómo construir aplicaciones seguras. OWASP también respalda un proyecto llamado WebGoAT, otra aplicación intencionalmente insegura que ofrece a los usuarios un conjunto de tareas destinadas a explotar vulnerabilidades subyacentes. Ambas herramientas educan a los ingenieros sobre cómo construir software seguro al mostrarles qué sucede cuando se explotan vulnerabilidades dentro de una aplicación para comprometer una funcionalidad específica. Se podría considerar la integración de estas aplicaciones como parte de la estrategia de gamificación de la organización. Son una forma atractiva y efectiva de aprender a convertirse en mejores ingenieros, con una mentalidad DevSecOps.

Certificación

Recibir reconocimiento por alcanzar objetivos específicos es un motivador saludable para muchas personas. Los corredores que completan su primer maratón exhibirán su medalla con orgullo, independientemente de su tiempo final o posición; la evidencia de su logro les proporciona una gran satisfacción personal. En el ámbito profesional, esta evidencia de logro se manifiesta de diversas maneras: un bono, un vale para un día en familia o una comida, entradas para un espectáculo, o incluso una distinción honorífica pueden generar un efecto similar. Desde una perspectiva educativa, más allá de completar un curso desafiante o adquirir una nueva habilidad, los estudiantes valoran recibir un certificado al aprobar un examen o finalizar un programa de estudio. Numerosas empresas tecnológicas de gran envergadura como Microsoft y Amazon, así como asociaciones especializadas en formación y certificación como $(ISC)^2$, ISACA y CompTIA, ofrecen certificaciones reconocidas por la industria a través de sus propios programas de capacitación. Algunos de estos programas requieren una inversión considerable de tiempo para adquirir las habilidades necesarias y aprobar los exámenes pertinentes, mientras que otros evalúan las habilidades y conocimientos actuales, emitiendo certificados a profesionales que demuestran poseer las cualificaciones necesarias.

A pesar del requisito de dedicar tiempo al estudio para los exámenes, el conocimiento adquirido por los estudiantes probablemente beneficiará directamente a sus equipos y a los productos en los que trabajan. Esto, a su vez, brinda tranquilidad a los clientes, quienes tienen la certeza de que profesionales acreditados construyeron los productos y servicios que se les entregan. Por lo tanto, invertir tiempo y recursos financieros para que los empleados obtengan certificaciones es una estrategia valiosa, ya que valida las competencias en DevSecOps y refuerza la confianza en la calidad y seguridad de las soluciones.

Evitar la Entropía

Para mantener la competitividad en el mercado, los productos deben ser actualizados constantemente con nuevas funcionalidades, recorridos de cliente optimizados o correcciones de errores. La alternativa es la degradación de la calidad del producto, lo que se traduce en una disminución de la cuota de mercado y una reducción de los beneficios. La inversión continua en productos es esencial para mantener una presencia saludable en el mercado y asegurar su viabilidad comercial. El conocimiento sufre un destino similar: la falta de inversión en educación resultará en una disminución de las habilidades, productos de menor calidad y una fuerza laboral desmotivada que, en última instancia, perjudicará la rentabilidad de la organización. Si se invierte en educación, se preservará el conocimiento dentro de la organización, lo que permitirá ofrecer productos superiores y mantener la competitividad en un mercado dinámico.

La entropía describe la pérdida de información, en este contexto, de conocimientos y habilidades, causada por dos factores principales: la rotación de personal, cuando los empleados abandonan la organización llevándose consigo sus competencias; y el avance tecnológico, cuando las tecnologías y procesos utilizados para desarrollar aplicaciones y software evolucionan más allá de los adoptados internamente. Estos dos componentes de la entropía están interconectados; a medida que los ingenieros perciben que sus habilidades no están al día con los avances tecnológicos, es probable que busquen oportunidades para mejorar sus competencias en otros lugares.

La inversión continua en educación es indispensable para mitigar la entropía dentro de la organización. Esto no es un ejercicio puntual ni un programa de recuperación ocasional: la educación es un proceso ininterrumpido. Necesita estar integrada en las actividades diarias de la organización. Desde una perspectiva DevSecOps, los ingenieros deben participar en un programa de mejora continua para utilizar las tecnologías y procesos más recientes, con el fin de entregar productos de alta calidad, seguros y con nuevas funcionalidades. Los ingenieros DevOps deben investigar continuamente las prácticas de desarrollo más efectivas, utilizando el programa educativo más adecuado y confiable. Dado que los individuos responden de manera diferente a las distintas formas de aprendizaje descritas anteriormente, es aconsejable adoptar múltiples enfoques y revisarlos constantemente con los miembros del personal. El objetivo es mejorar continuamente el conocimiento y las habilidades en toda la organización. Cuanto menor sea la entropía del conocimiento y la habilidad, mayor será la probabilidad de que la organización entregue productos de alta calidad, con funcionalidades innovadoras y seguras, lo que es crucial para el éxito a largo plazo.

Medir la entropía es un desafío, aunque existen algunas técnicas que pueden emplearse. Imaginemos, en primer lugar, que el número de ataques de inyección en el código de producción es excesivamente alto. En segundo lugar, supongamos que el nivel de conocimiento de cada individuo en el equipo para diseñar, desarrollar y probar controles que mitiguen esta amenaza es bajo. Finalmente, consideremos que se ha calculado la probabilidad de que estos miembros abandonen el equipo en los próximos años. Con el tiempo, es evidente que a medida que aumenta la probabilidad de que los individuos abandonen el equipo, el conocimiento y la habilidad dentro del equipo necesarios para corregir este defecto también disminuirán. A medida que esta habilidad tiende a cero, el riesgo para la organización aumenta. El conocimiento no se pierde exclusivamente cuando los miembros abandonan el equipo; también puede disminuir con el tiempo a medida que los miembros del equipo olvidan lo que han aprendido previamente. Si la organización no invierte en aprendizaje continuo, con el tiempo perderá el conocimiento y las habilidades necesarias para mantener aplicaciones y una infraestructura actualizadas y seguras, lo que resultará en una menor satisfacción del cliente y una pérdida de cuota de mercado. Por otro lado, si se mantiene el nivel de conocimiento dentro del equipo, los riesgos se mantienen bajos.

Conclusión del Capítulo: Cultura de Aprendizaje Continuo

La educación constituye el pilar fundamental de DevSecOps, siendo explícitamente identificada como una de las tres dimensiones clave de este paradigma. Todo ingeniero DevOps es un aprendiz constante, ya sea que esté asimilando nuevas tecnologías o procesos, comprendiendo el comportamiento de sus clientes y cómo los cambios en las aplicaciones que desarrollan los afectan, o aprendiendo a construir sistemas más seguros. La ciberseguridad es una responsabilidad compartida por todos los miembros de la organización, no solo una función centralizada de seguridad. Para que DevOps sea verdaderamente efectivo, todos los involucrados en la cadena de valor deben comprender su rol y su responsabilidad en el desarrollo de productos seguros, desde la fase de diseño hasta la implementación en entornos de contenedores y la gestión de pipelines con herramientas como GitLab y Azure DevOps.

Deben comprender cómo los actores maliciosos explotan sistemas vulnerables para poder defenderse proactivamente contra ellos.

En este capítulo, se han identificado diversas metodologías para integrar el conocimiento en seguridad a lo largo de la cadena de valor. No se sugiere que todos los profesionales que trabajan en DevOps deban ser expertos en seguridad; en cambio, se propone que el conocimiento colectivo dentro de un equipo DevOps sea lo suficientemente completo como para entregar software seguro y resiliente. Se ha sugerido que aquellos que demuestren la voluntad y la capacidad de aprender más allá de los requisitos de seguridad de su rol son candidatos ideales para convertirse en campeones de seguridad y propagar el conocimiento adquirido a lo largo de la cadena de valor. Finalmente, se han discutido los riesgos de permitir que la entropía limite la capacidad de seguridad dentro de las cadenas de valor, enfatizando la necesidad de una inversión continua en la capacitación del personal.

En el próximo capítulo, se abordará la siguiente capa de DevSecOps: "seguro por diseño", que se construye sobre los conocimientos adquiridos a través de un programa robusto de educación en seguridad.

9 DISEÑO DE SEGURIDAD EN EL DESARROLLO DE SOFTWARE: UN ENFOQUE DEVSECOPS

Diseñar seguridad desde el origen ya no es una opción, sino una responsabilidad compartida entre desarrollo, operaciones y seguridad. En entornos donde la entrega continua es clave para el éxito, integrar la seguridad en cada etapa del ciclo de vida del software exige algo más que herramientas: requiere una cultura DevSecOps sostenida por educación, diseño y automatización. Este capítulo presenta una visión pragmática y experimentada sobre cómo transformar la seguridad en un habilitador de velocidad y calidad, y no en un obstáculo. Desde la codificación limpia hasta el modelado de amenazas y la gestión segura de contenedores, se destacan prácticas críticas para implementar una estrategia secure-by-design eficaz en arquitecturas modernas de microservicios. Las recomendaciones aquí expuestas son aplicables en pipelines CI/CD orquestadas con Azure DevOps, Bitbucket y GitLab, adaptándose a equipos distribuidos que priorizan la eficiencia operativa sin comprometer la integridad del producto. La clave está en empoderar a los ingenieros con conocimiento contextual, principios de diseño seguros y responsabilidad estructural sobre la seguridad, todo ello respaldado por automatización estratégica.

"El enfoque DevSecOps permite a las organizaciones reducir riesgos y acelerar la entrega continua al integrar la seguridad como una responsabilidad compartida desde el diseño hasta la producción" (NIST, 2022).

En el dinámico panorama del desarrollo de software, la seguridad no es un añadido, sino un componente inherente al diseño y la implementación. Este capítulo se centra en la "seguridad por diseño" como una capa crucial dentro del marco DevSecOps, que se construye sobre una base educativa sólida. Abordaremos cómo la aplicación de principios de diseño adecuados en aplicaciones, servicios e infraestructura es indispensable para mitigar riesgos cibernéticos, garantizando que cada componente, desde la contenerización hasta la gestión de pipelines con GitLab, GitHub, Bitbucket, Jenkins y Azure DevOps, esté concebido con la seguridad en mente.

La Importancia de Principios de Diseño en Seguridad

Integrar principios de diseño de calidad es esencial para el desarrollo de software seguro. Tanto el código de la aplicación como el de la infraestructura, cuando están bien construidos, actúan como una defensa primaria contra las amenazas. Un diseño deficiente puede, por el contrario, exponer a la empresa y sus clientes a ataques cibernéticos significativos. Los ingenieros deben comprender a fondo las buenas prácticas de codificación y las que deben evitarse para aplicarlas en su trabajo diario, especialmente en un entorno DevSecOps.

Los defectos de seguridad, al igual que cualquier otro defecto, son inherentes a los matices del lenguaje de programación o a fallas en el diseño arquitectónico. Errores de codificación o de diseño pueden llevar a estados inesperados o inestables de la aplicación, los cuales son explotados por los atacantes. Un ejemplo clásico es el desbordamiento de búfer, que permite a un atacante manipular la memoria de una aplicación en ejecución. Es común que los ingenieros se centren en el "camino feliz" de una aplicación, ignorando las "rutas erróneas" que pueden surgir de entradas de usuario inválidas, la indisponibilidad de recursos (como APIs o bases de datos) o excepciones inesperadas, creando puntos de entrada para vulnerabilidades.

La seguridad se extiende más allá del código de la aplicación, abarcando los contenedores y la infraestructura subyacente. Los principios de diseño adecuados son cruciales para construir plataformas de alojamiento basadas en contenedores de forma segura. Las configuraciones por defecto en muchas tecnologías de contenedores, como Docker, no son seguras, lo que requiere que se tomen decisiones informadas sobre el diseño e implementación del sistema. Asegurarse de que los ingenieros sigan estos principios de diseño cobra mayor relevancia cuando la arquitectura se relaciona directamente con los controles de seguridad. Controles de seguridad débiles, ya sean integrados en la aplicación durante el desarrollo o protegiéndola en tiempo de ejecución (autenticación y autorización), se convierten en objetivos fáciles para los atacantes.

Un diseño de seguridad efectivo se basa en la simplicidad. La sobre-ingeniería de soluciones a problemas técnicos o la creación de reglas complejas en la configuración de infraestructura por parte de los equipos de operaciones incrementa la complejidad. Estas soluciones complejas rara vez se documentan, lo que dificulta que otros miembros del equipo comprendan el funcionamiento del código o la conectividad del sistema. Es una premisa reconocida que un aumento en la complejidad incrementa el riesgo de introducir vulnerabilidades que, aunque difíciles de encontrar internamente, pueden ser sencillas de explotar por los atacantes.

El uso de software de código abierto es una solución frecuente para reducir la complejidad del desarrollo; sin embargo, como se explorará en detalle en un capítulo posterior sobre el análisis de composición de software, esto introduce un riesgo adicional si no se gestiona correctamente. Los ingenieros de software a menudo buscan repositorios públicos, como GitHub, para encontrar soluciones de terceros que resuelvan un problema específico. La integración de estos componentes abiertos en la base de código reduce la complejidad de la tarea a desarrollar, pero exige una gestión de dependencias y un escaneo continuo de vulnerabilidades para evitar la introducción de código malicioso.

Los ingenieros deben revisar su propio código, como se mencionó en la discusión sobre la capa de educación, para eliminar complejidad innecesaria. Durante la revisión, la capacidad de un ingeniero para justificar la lógica de negocio detrás de su código de manera concisa es un indicador clave de un buen diseño. Si dedican un tiempo excesivo a explicar la "integración" del código, es probable que hayan sobre-diseñado la solución, lo que puede introducir puntos débiles de seguridad y aumentar la deuda técnica.

A menudo, se observan arquitecturas supuestamente "diseñadas con seguridad" que han sido implementadas con un enfoque primario en la velocidad de entrega, relegando la seguridad a un segundo plano. Esto es frecuente bajo presiones de tiempo para lanzar nuevas características o productos, resultando en un incremento de la deuda técnica, una disminución en la calidad del código y un deterioro de la seguridad del sistema. En síntesis, construir sobre la base de la educación en seguridad con una capa de principios de diseño sólidos añade una fortaleza considerable a la práctica DevSecOps, asegurando que la seguridad sea un pilar inherente y no una consideración posterior.

Modelado de Amenazas

Aunque la educación y los principios de diseño de seguridad se presentan como capas distintas de DevSecOps, el **modelado de amenazas** actúa como el elemento cohesionador entre ambas. Constituye tanto un ejercicio educativo fundamental como un proceso estructurado para tomar decisiones de diseño de seguridad apropiadas.

Es imprescindible que los ingenieros DevOps estén familiarizados con los tipos de debilidades de seguridad que los atacantes buscan explotar, lo que les permitirá mitigar estas amenazas durante la fase de diseño. Al concebir un nuevo producto o una funcionalidad dentro de un sistema existente, es crítico comprender el riesgo inherente al diseño para eliminarlo o reducirlo en las etapas iniciales del ciclo de entrega. El modelado de amenazas es un proceso iterativo donde los ingenieros evalúan el diseño de un producto o funcionalidad para identificar amenazas potenciales y definir cómo incorporar medidas de protección en el diseño arquitectónico. Existen varios métodos bien documentados para este fin, incluyendo el marco de cuatro pasos descrito por Adam Shostack en "Threat Modeling – Designing for Security", que busca alinear el pensamiento de seguridad con el desarrollo de software y la implementación operativa:

- **¿Qué se está construyendo?** Implica modelar el sistema que está experimentando cambios.
- **¿Qué podría salir mal?** Consiste en identificar amenazas utilizando un modelo de amenazas reconocido (como STRIDE).
- **¿Qué se puede hacer al respecto?** Se refiere a abordar las amenazas basándose en el apetito de riesgo de la organización.
- **¿Es correcto el análisis de amenazas?** Implica validar las amenazas identificadas con un programa de pruebas de seguridad.

Para obtener los resultados óptimos del modelado de amenazas, todos los ingenieros DevOps involucrados en el producto o funcionalidad que se evalúa deben dedicar un tiempo significativo al ejercicio. Es preferible que se realice de forma colaborativa, idealmente en una sala con una pizarra para facilitar el diseño visual. El proceso comienza con la creación de un diagrama de flujo de datos (DFD) del producto, prestando especial atención a dónde residen los datos (en reposo o en tránsito) y mapeando los límites de seguridad entre los distintos componentes del sistema, como los contratos de API, así como los actores que deberían tener acceso dentro de esos límites de confianza. El foco en los datos es esencial, ya que el objetivo primordial de un atacante es el robo o la manipulación de información, por ejemplo, la exfiltración de datos personales o la alteración de transacciones financieras.

Los límites de confianza son áreas que comparten el mismo nivel de privilegio y donde se producen cambios en estos privilegios. Identificarlos es crucial porque los atacantes buscan vulnerabilidades que les permitan moverse entre diferentes áreas de un sistema escalando privilegios. Por ejemplo, si los clientes pueden acceder a sus propias cestas de compra pero no a las de otros clientes, mientras que el personal de cumplimiento tiene acceso a múltiples cestas. Los atacantes buscarán debilidades que les permitan escalar de un acceso de cliente a un acceso privilegiado de cumplimiento. Los datos deben protegerse entre los diferentes límites de confianza mediante políticas de control de acceso. Cuando los equipos DevOps realizan actualizaciones incrementales a una aplicación, si no hay cambios en el flujo de datos ni en los límites de seguridad, el ejercicio de modelado de amenazas puede centrarse únicamente en evaluar el cambio en el contexto de la arquitectura existente, optimizando el tiempo y el esfuerzo.

Identificar amenazas es un proceso complejo que, si no se realiza correctamente, puede resultar en la omisión de debilidades de diseño significativas. Como se ha discutido, las amenazas pueden afectar la confidencialidad, integridad o disponibilidad (Tríada CIA). El objetivo del modelado de amenazas es determinar cómo la aplicación podría ser atacada en relación con cualquiera de estos principios. Además del modelo CIA, las cuestiones de confianza, como la autenticación y la autorización, requieren un modelado de amenazas específico para identificar vulnerabilidades. Existen diversas técnicas de modelado de amenazas, incluyendo **STRIDE**, LINDDUN, PASTA y VAST, cada una con sus ventajas y desventajas. STRIDE es el método más utilizado y se ha mantenido relevante por más de dos décadas al momento de esta redacción.

STRIDE

STRIDE, creado en 1999 por Loren Kohnfelder y Praerit Garg, es un acrónimo donde cada letra representa un tipo particular de amenaza:

- **S**poofing (Suplantación de identidad): Ocurre cuando un atacante asume la identidad de otra persona, proceso o máquina, violando la propiedad de autenticación.
- **T**ampering (Alteración): Implica la modificación no autorizada de contenido de archivos, elementos en memoria o configuraciones de red, afectando la integridad.

- **R**epudiation (Repudio): Se da cuando una persona niega la autoría de una actividad que realizó. Para contrarrestar el repudio, se utiliza el registro de eventos y certificados digitales para hacer cumplir la confianza.
- **I**nformation Disclosure (Divulgación de información): Consiste en que atacantes obtengan acceso a datos no autorizados, violando la confidencialidad.
- **D**enial of Service (Denegación de servicio o DoS): Reduce la capacidad de recursos (memoria, CPU, red), impidiendo la prestación normal del servicio y afectando la disponibilidad.
- **E**levation of Privilege (Elevación de privilegios): Los atacantes realizan acciones para las cuales no están autorizados, violando la propiedad de autorización.

Detectar amenazas en las etapas tempranas del ciclo de vida del desarrollo es crucial para mantener los costos bajo control y para equipar a los ingenieros con el conocimiento necesario para construir productos o funcionalidades seguras. Los ciclos de retroalimentación tempranos son una característica fundamental de las prácticas DevOps y se amplifican en DevSecOps.

Abordar las amenazas no implica necesariamente realizar cambios inmediatos a la aplicación o servicio evaluado. Existen varias formas de gestionar los riesgos asociados a las amenazas identificadas. Una opción inviable, aunque a veces practicada, es ignorar el riesgo, lo que puede acarrear incumplimientos regulatorios, litigios por parte de afectados o daños directos por ataques. La mitigación de riesgos típicamente implica la adición de controles (dentro de la funcionalidad o en los procesos involucrados) para eliminar o reducir el riesgo a un nivel aceptable. La decisión de mitigar puede ser más costosa que si el riesgo fuera explotado, especialmente si la probabilidad de explotación es baja o su impacto mínimo. En este escenario, la responsabilidad recae en las partes interesadas clave del negocio para aceptar el riesgo. Esta aceptación debe documentarse y revaluarse periódicamente para identificar cambios en la probabilidad o impacto del riesgo. Ocasionalmente, el riesgo puede transferirse al usuario final, lo que puede implicar la definición de términos y condiciones para el uso del producto o servicio afectado.

Las amenazas mitigadas deben integrarse en el programa estratégico de pruebas. La automatización de pruebas para evaluar los controles implementados en la mitigación de riesgos proporciona a los ingenieros DevOps una retroalimentación instantánea si un cambio posterior en la aplicación o infraestructura afecta el control de mitigación. Aunque no todas las pruebas pueden automatizarse, las pruebas de penetración manual son importantes para verificar si un riesgo puede ser explotado. Una amenaza identificada podría no ser explotable debido a otros controles que ya la mitigan. Por el contrario, un riesgo considerado bajo podría combinarse con otros de baja calificación, elevando colectivamente la amenaza a un nivel inaceptable para las partes interesadas del negocio. El modelado de amenazas es una herramienta valiosa en la lucha continua contra los ciberataques, ayudando a identificar y gestionar posibles exploits rápidamente. Al reunir a los ingenieros para discutir amenazas, se comparte el conocimiento del sistema y se mejora la comprensión y concienciación sobre la seguridad.

Código Limpio

En su influyente libro "Clean Code", Robert C. Martin establece un conjunto de principios para escribir código estructurado, conciso y de fácil lectura y comprensión. Aunque Martin no menciona explícitamente la seguridad como la razón principal para escribir código limpio, el código mal escrito es un factor significativo que impacta negativamente los resultados comerciales, incluyendo un aumento en el riesgo de software inseguro. La adopción de prácticas de código limpio dentro de un equipo de ingenieros DevOps es una manera sencilla y efectiva de reducir los riesgos de seguridad en las aplicaciones de una organización.

El código limpio es sinónimo de código técnico de calidad. Mantener código de calidad inferior introduce deuda técnica, lo que, en última instancia, limitará la capacidad de una organización para entregar funcionalidades y productos de alta calidad en el tiempo esperado. El código limpio se alinea con los ideales de DevOps: promueve la simplicidad, permite a los desarrolladores enfocarse en los resultados, crea una plataforma para minimizar la deuda técnica (maximizando la seguridad psicológica) y, en última instancia, permite a los ingenieros satisfacer las necesidades de sus consumidores inmediatos.

Martin describe una serie de principios, patrones y prácticas en su libro sobre cómo escribir código limpio. Cada uno contribuye a mitigar la escritura de software vulnerable, incluyendo el código de infraestructura. No todos los equipos tienen la oportunidad de desarrollar nuevos productos "greenfield" (desde cero); por lo tanto, si los ingenieros DevOps trabajan con código heredado de baja calidad, se recomienda permitirles refactorizar el código para hacerlo más limpio. Aunque este esfuerzo pueda parecer una inversión inicial, los retornos a largo plazo incluirán menos defectos de seguridad y un desarrollo de software más rápido y eficiente.

Convenciones de Nombres y Formato

La legibilidad del código es fundamental para que los ingenieros comprendan su funcionalidad, lo que, a su vez, facilita su mantenimiento y evolución. El uso de una convención de nombres consistente, empleando palabras que identifiquen claramente métodos y parámetros, mejora la claridad del código para los ingenieros. Los verbos deben describir funciones que realizan una tarea específica, mientras que los sustantivos deben describir los parámetros de entrada requeridos para ejecutar una tarea. Por el contrario, el uso de nombres abstractos e inconsistentes generará confusión que, de forma no intencional, puede exponer datos confidenciales o afectar la lógica del sistema. Utilizar terminología relevante para el dominio del negocio facilita la relación entre el código y los flujos del cliente, haciendo que los ingenieros mapeen el código al negocio con mayor precisión y con menor propensión a errores. El código autodocumentado reduce la necesidad de comentarios en línea, lo que evita situaciones donde una convención de nombres deficiente y comentarios confusos y desactualizados generan una mayor confusión entre los desarrolladores, afectando la seguridad y la mantenibilidad.

El código es más fácil de leer y editar cuando está correctamente formateado. Aunque la mayoría de los Entornos de Desarrollo Integrados (IDEs) asisten automáticamente a los ingenieros en el formato del código (como la indentación jerárquica, el uso de colores y otros indicadores visuales), los ingenieros deben ser diligentes con el código mal estructurado. Cuando el código es difícil de leer, también es más difícil de mantener, y los errores crearán oportunidades para los atacantes. Un ingeniero podría no percatarse de que una variable, inicialmente destinada a ser una fecha, se usa posteriormente como una cadena no-fecha, lo que un atacante podría explotar para causar un error inesperado; o que la validación del formato de un valor no se realiza correctamente, lo que resulta en el riesgo de un ataque de inyección.

Codificación Concisa

Es imperativo que los ingenieros escriban código de manera concisa. Una función no debe realizar más de una tarea, y la lógica no debe repetirse; este principio es conocido como "DRY" (Don't Repeat Yourself). Cuanta más complejidad se introduce, más difícil se vuelve mantener un estado conocido y estable de la aplicación. Es común observar dos o más funciones con propósitos idénticos que, debido a la falta de concisión, generan resultados diferentes porque solo una fue actualizada en respuesta a un cambio de requisito. La confusión en el código fuente conduce a comportamientos inesperados en tiempo de ejecución que los atacantes pueden explotar para sus propios fines maliciosos, comprometiendo la seguridad del sistema.

Abstracción de Datos

Ocultar la estructura interna de la base de datos es un factor crítico al escribir código seguro. Al exponer el esquema de la base de datos a través de interfaces públicas o al permitir que los objetos de datos revelen su estructura subyacente, se proporciona a los atacantes información valiosa sobre cómo se almacenan los datos y su relación con otros objetos. Esto también puede resultar en código confuso, donde los objetos de datos que representan estructuras se encadenan de forma excesiva para modelar objetos complejos. Por ejemplo, una expresión como:

<CustomerAddress=getCustomer(customerid).getOrder(id).getDeliveryAddress>

Revela demasiado sobre la estructura de la base de datos y la lógica interna. En contraste, una línea de código como <CustomerAddress = getCustomerAddress(Customer)> proporciona menos indicaciones sobre cómo están estructurados los datos, mejorando la seguridad por medio de la abstracción y limitando la información disponible para un posible atacante.

Límites

El uso de bibliotecas de terceros en el desarrollo de software se ha convertido en una necesidad para que los ingenieros se centren en las funcionalidades que aportan valor al producto, delegando tareas comunes a software mantenido por comunidades de código abierto. Si bien las implicaciones de seguridad de las bibliotecas de código abierto se discutirán en un capítulo posterior (análisis de composición de software), en el contexto del código limpio, es preferible evitar comunicaciones directas a nivel de frontera entre el código de la organización y el de terceros. Si los ingenieros tienen total libertad para acceder directamente a la interfaz de una biblioteca de código abierto, quedan expuestos a cambios realizados por los desarrolladores de la comunidad que pueden afectar la funcionalidad de las aplicaciones y servicios. Por ejemplo, si la firma de un método cambia, todas las llamadas a ese método en el código deberán modificarse; de lo contrario, se podría lanzar una excepción o devolver un resultado inesperado, dejando la aplicación vulnerable. Martin sugiere escribir un método de abstracción para la biblioteca de terceros, lo que significa que el código solo necesita modificarse en un único lugar si hay un cambio en la interfaz de la biblioteca. Escribir pruebas unitarias para validar esta abstracción proporciona una red de seguridad cuando ocurren cambios, permitiendo a los ingenieros de DevOps responder rápidamente a esas modificaciones y mantener la integridad del sistema.

Concurrencia y Seguridad de Hilos

La ejecución de código de forma asíncrona es una técnica utilizada para mejorar el rendimiento de las aplicaciones. Esto implica que funciones o procesos pueden ejecutarse simultáneamente, en lugar de esperar la finalización de uno para que inicie el siguiente. Sin embargo, si la aplicación depende de la ejecución del código en una secuencia específica, los ingenieros deben escribir código sincrónico. La seguridad de hilos, un concepto avanzado en programación concurrente, permite que los datos compartidos sean modificados por una función sin interferencia de otra cuando se ejecutan de forma asíncrona. A pesar de su importancia, la seguridad de hilos no es fácil de implementar y a menudo conduce a comportamientos inesperados en la aplicación o servicio en ejecución. Las condiciones de carrera, donde múltiples hilos intentan modificar el mismo parámetro simultáneamente, son comunes y pueden ser explotadas por los atacantes. Por lo tanto, es crucial que los ingenieros comprendan la concurrencia en los lenguajes y frameworks que utilizan para mitigar estos riesgos de seguridad, especialmente en aplicaciones de microservicios o contenedores.

Listas de Debilidades Comunes

Las listas de debilidades comunes son herramientas invaluables en la lucha contra el cibercrimen. Asisten a los ingenieros en la identificación de los errores más frecuentes en el desarrollo de aplicaciones que son regularmente explotados por los atacantes. No solo ilustran cómo se manifiestan estas debilidades, sino que también ofrecen consejos prácticos sobre cómo evitar su introducción en el código desde las etapas iniciales del desarrollo. Una práctica efectiva es colocar estas listas en lugares visibles donde los ingenieros suelen congregarse, como cerca del dispensador de agua o de los tableros Kanban. Armados con este conocimiento, los ingenieros pueden diseñar y probar aplicaciones para eliminar estas debilidades antes de que el software esté completamente desarrollado. Las dos fuentes más reconocidas y ampliamente disponibles son las listas **OWASP Top 10** y **MITRE Top 25**.

Listas OWASP Top Ten

El **Proyecto OWASP (Open Web Application Security Project)** es una fundación sin fines de lucro dedicada a mejorar la seguridad del software en las organizaciones. OWASP gestiona una serie de proyectos comunitarios clasificados por madurez, incluyendo listas de los diez riesgos de seguridad más críticos que afectan a las organizaciones. Actualmente, sus proyectos bandera incluyen una lista de los diez principales riesgos para aplicaciones móviles y el altamente considerado OWASP Top Ten para aplicaciones web. La página del proyecto OWASP Top Ten también contiene una lista de proyectos líderes bajo su Proyecto de Seguridad de API, mientras que otros proyectos se enfocan en temas emergentes como la seguridad de Docker y aplicaciones sin servidor. Estas listas se actualizan aproximadamente cada tres o cuatro años para reflejar los cambios más recientes en las amenazas a las aplicaciones, lo que es esencial para mantener la relevancia en DevSecOps. El proyecto insignia OWASP Top Ten es ampliamente reconocido como la lista fundamental de los riesgos de seguridad más relevantes que impactan las aplicaciones web.

Las listas se compilan a partir de encuestas en las que se solicita a los participantes clasificar las cuatro debilidades de seguridad más graves que consideran deberían figurar en una lista de los diez principales. Numerosas organizaciones de diversas industrias y geografías a nivel global contribuyen a la encuesta. Como resultado, la industria de la seguridad considera que el OWASP Top Ten representa las amenazas de seguridad más comunes que afectan a las aplicaciones empresariales.

La lista OWASP Top Ten (versión 2017 al momento de esta redacción) está disponible gratuitamente como documento PDF. Cada uno de los diez elementos se presenta en una sola página, siguiendo un formato consistente. La primera parte califica el riesgo general en términos de explotabilidad, prevalencia, detectabilidad e impacto técnico. Esta calificación no se contextualiza en aplicaciones o negocios específicos, pero es útil para evaluar el riesgo en relación con la organización. La calificación va seguida de cuatro secciones de resumen que describen qué aplicaciones son vulnerables, ejemplos de escenarios de ataque, medidas preventivas y referencias a materiales relacionados con el riesgo. Es crucial que los ingenieros DevOps estén familiarizados con cada uno de los elementos de la lista Top Ten e incorporen la seguridad en su diseño y desarrollo.

La lista OWASP Top Ten de riesgos de seguridad en aplicaciones web es, sin duda, el proyecto más significativo de OWASP. Ha dado origen a muchos otros proyectos diseñados para ayudar a los ingenieros a incorporar la seguridad en las aplicaciones que desarrollan. Por ejemplo, OWASP recomienda el uso del Estándar de Verificación de Seguridad de Aplicaciones (ASVS) como guía para el diseño de aplicaciones seguras. Sus proyectos también han producido una serie de guías de buenas prácticas, conocidas como Hojas de Trucos de Prevención OWASP, que muestran a los ingenieros cómo diseñar e implementar seguridad desde el inicio. Además, los Controles Proactivos OWASP son una lista de controles de seguridad que todos los ingenieros deben seguir al construir sus productos. Todos estos proyectos están disponibles de forma gratuita en el sitio web de OWASP, y se debe alentar a los ingenieros DevOps a utilizar estas herramientas para estar mejor equipados en la integración de la seguridad en sus productos. Las herramientas de OWASP ayudan a los ingenieros a superar las limitaciones de seguridad inherentes a los lenguajes y frameworks, que a menudo priorizan la facilidad de desarrollo sobre la seguridad.

OWASP Security Knowledge Framework

Entre los proyectos emblemáticos de OWASP se encuentra una herramienta educativa de código abierto que capacita a los ingenieros sobre cómo prevenir la explotación de defectos de seguridad por parte de los atacantes en los productos y servicios de su organización. El **Marco de Conocimiento de Seguridad de OWASP (SKF)** utiliza el ASVS de OWASP como guía para que los ingenieros creen software seguro. Esta herramienta puede integrarse en el flujo de trabajo de desarrollo para permitir a los ingenieros diseñar y construir software de forma segura, al mismo tiempo que ofrece laboratorios de seguridad para mejorar sus habilidades prácticas en un entorno controlado.

El proyecto SKF consiste en un panel de control descargable desde el sitio web de OWASP. Una vez instalado, los ingenieros pueden configurar proyectos y usuarios dentro del marco, alineados con una lista personalizable de categorías, como aplicaciones web o móviles. El marco contiene una serie de listas de verificación para diversos requisitos del ASVS, que pueden asignarse a las categorías de la organización, junto con artículos técnicos detallados que explican cómo abordar los vectores de ataque más probables asociados con cada tipo de explotación. Los ingenieros también tienen acceso a ejemplos de código en varios lenguajes, además de un laboratorio donde pueden practicar algunas de las técnicas utilizadas por los atacantes y cómo defenderse de estos tipos de ataques, lo que es fundamental para una mentalidad DevSecOps.

MITRE Top 25 "Common Weaknesses"

Además de la lista OWASP Top Ten, MITRE, en colaboración con el SANS Institute, mantiene una lista de las veinticinco debilidades de software más peligrosas, que abarca "los errores más comunes y críticos que pueden conducir a vulnerabilidades graves en el software". Al igual que las listas OWASP Top Ten, se trata de una fuente comunitaria con contribuciones acreditadas de una amplia gama de expertos en software y seguridad. La lista se basa en el Sistema de Puntuación de Debilidades Comunes (CWSS), que clasifica cada debilidad en función de tres grupos de métricas:

- **Base Finding**: Examina los riesgos inherentes, la confianza del descubrimiento y la fortaleza de los controles existentes.
-

- **Attack Surface**: Se refiere a las barreras que el atacante debe superar para explotar la debilidad.
- **Environmental**: Analiza el contexto operacional y comercial de la debilidad.

El SANS Institute ofrece una serie de recursos para ayudar a las organizaciones a reducir la incidencia de estos veinticinco errores de programación. Sin embargo, a diferencia de OWASP, que apoya una gama más amplia de proyectos relacionados con la seguridad, herramientas y grupos de apoyo, la mayoría de los recursos de SANS se centran en la venta de productos de capacitación y concienciación comercial. No obstante, son recursos valiosos que promueven la práctica del diseño seguro y la implementación de controles DevSecOps.

Consideraciones Finales sobre Listas de Debilidades Comunes

Como es de esperar, existen muchas coincidencias entre las listas MITRE y OWASP, aunque también presentan diferencias distintivas. Por lo tanto, es altamente recomendable que los ingenieros, propietarios de productos, testers y gerentes de proyectos se familiaricen con ambos conjuntos de listas para obtener una comprensión integral de las amenazas.

Estas listas son el resultado de interacciones con una amplia comunidad de expertos y son representativas de las debilidades más comúnmente explotadas, por lo que es esencial asegurar que todos los ingenieros estén familiarizados con su contenido. Considere imprimir (no el PDF completo) las debilidades OWASP Top Ten en un formato donde cada vulnerabilidad pueda presentarse en una sola hoja A4 y colocarlas estratégicamente en la oficina, por ejemplo, cerca del dispensador de agua, cafeteras, máquinas expendedoras o incluso en los baños. Esto crea un entorno donde los ingenieros pueden discutir estas debilidades de forma casual mientras desarrollan aplicaciones, fomentando una cultura de seguridad constante.

Como complemento a estas listas, existen herramientas de análisis de aplicaciones que escanean el software en busca de patrones que indiquen la presencia de estas debilidades. Estas herramientas, que se abordarán en un capítulo posterior, son cruciales para automatizar la detección temprana de vulnerabilidades en los pipelines de CI/CD.

Principios Fundamentales de Diseño de Seguridad en Aplicaciones

Existe un conjunto de características que considero fundamentales para abordar los riesgos de seguridad en aplicaciones, tal como se definen en el OWASP Top Ten. Considero que los equipos DevOps deben invertir en comprender estos principios de diseño de seguridad y aplicarlos en las aplicaciones y servicios que desarrollan. Estos principios difieren de los conceptos de código limpio previamente discutidos, ya que incorporan características y controles transversales que son vitales para la seguridad. La integración de estos principios de diseño de seguridad ayudará a mitigar numerosos vectores de ataque utilizados por los hackers, fortaleciendo la postura general de seguridad en un entorno DevSecOps.

Validación

La razón principal para la validación es una premisa fundamental en seguridad: **nunca se debe confiar en la entrada del usuario**. Siempre que una aplicación espera un parámetro, ya sea de un campo de entrada en un formulario web o de una cadena de consulta en una solicitud HTTP, los desarrolladores deben implementar un mecanismo para validar estas entradas y así protegerse de actividades maliciosas. El uso de primitivas de dominio (como se explicará más adelante en este capítulo) proporciona a los desarrolladores un control sobre los valores y el estado del objeto primitivo. Como se observará, algunas de las vulnerabilidades del OWASP Top Ten implican fallas en la validación de datos de entrada. En el caso de inyecciones SQL y *cross-site scripting* (XSS), un atacante podría manipular los datos de entrada para inducir a una aplicación a comportarse de una manera para la cual no fue diseñada, comprometiendo la integridad y la confidencialidad.

En una aplicación de múltiples capas, cada nivel requiere sus propios mecanismos de defensa. Un error común de los desarrolladores es validar únicamente una capa de la aplicación. Por ejemplo, una aplicación estándar suele tener tres capas: la capa de presentación (frontend), la capa del servidor (backend) y una base de datos. La forma más sencilla de validar datos es en el punto donde el usuario los introduce, por lo que los desarrolladores tienden a centralizar la validación en los formularios del frontend para verificar la validez de los datos ingresados. Desafortunadamente, se presta menos atención a validar las entradas también en el servidor y en la base de datos. El ingeniero asume erróneamente que todo el tráfico que llega al servidor ha sido validado por el cliente frontend, lo cual no puede garantizarse. Un atacante puede utilizar diversas herramientas proxy para interceptar las solicitudes al servidor y modificar los valores después de que hayan sido validados por el cliente. Esto permite al atacante eludir el proceso de validación e insertar datos no validados directamente en el servidor. Si el servidor no valida esta entrada, el atacante podrá inyectar datos no validados en el área desprotegida del servidor. Asimismo, si la base de datos no valida estos valores, los datos serán insertados directamente en ella. Este enfoque es erróneo porque, si un atacante puede insertar cualquier valor en la base de datos, podría usarlo para ejecutar scripts (como ataques XSS) desde solicitudes posteriores, o insertar datos sensibles, como información financiera o personal, que pueden ser explotados o manipulados.

Es fundamental que la validación de entrada se mantenga consistente en todas las capas de la aplicación. Si las reglas de validación entre las diferentes capas difieren, esto puede generar resultados inesperados. Por ejemplo, si una lista de elementos permitidos para la validación en la capa de presentación es distinta de una lista negra en el servidor, podrían surgir conflictos sobre qué caracteres están permitidos. Si las reglas de validación cambian, podría ser necesario actualizarlas en múltiples ubicaciones, lo que aumenta el riesgo de inconsistencias y vulnerabilidades. Las primitivas de dominio ofrecen un mecanismo eficiente para construir validación a lo largo de todas las capas de la aplicación con un mínimo esfuerzo. Los autores de "Secure by Design", Dan Jonsson, Daniel Deogun y Daniel Sawano, describen en detalle el funcionamiento de las primitivas de dominio, y a continuación se presenta un breve resumen de este concepto.

Primitivas de Dominio

Como hemos observado, un mecanismo crucial para proteger las aplicaciones es validar todos los datos de entrada a través de los límites de la aplicación. Esto implica verificar el formato de los datos, sin importar si provienen directamente de un usuario, de una cadena de consulta construida dinámicamente o de otro punto final o API. Una función que espera una cadena de una longitud específica y con un conjunto limitado de caracteres solo debe permitir cadenas que cumplan estos criterios; cualquier otro valor debe ser rechazado.

Tomemos como ejemplo un código postal del Reino Unido. Este valor posee un formato específico que sigue un estándar documentado: la mayoría de los códigos postales del Reino Unido constan de una o dos letras iniciales, seguidas por un número entre 1 y 99, un espacio, otro número entre 1 y 9, y dos letras finales. No se permiten valores no alfanuméricos en el formato. Cada vez que un usuario introduce un código postal, la aplicación debe asegurar que se utilice el formato correcto; el envío de un formato incorrecto podría indicar un intento de ataque de inyección. La cadena podría incluir un patrón de ataque de inyección SQL, o el usuario podría ingresar una cadena excesivamente larga que demore el procesamiento (lo que podría indicar un ataque de denegación de servicio). Los ingenieros con conocimientos de seguridad saben que es vital validar la cadena enviada; por lo tanto, cada vez que se utilice un valor de código postal en la aplicación, debe ser validado. Sin embargo, si el valor del código postal se utiliza en múltiples lugares dentro de una aplicación —la cual, en una organización DevOps, es desarrollada por diferentes equipos de ingeniería— es probable que no todas las instancias del código postal se validen correctamente. Si la oficina postal del Reino Unido cambia el formato del código postal, o si el producto se lanza en una región que utiliza un formato diferente, todo el código que valida la cadena deberá modificarse. Lamentablemente, esto puede generar inconsistencias o, en el peor de los casos, algunos lugares podrían no validar en absoluto, resultando en que los productos acepten valores mal formados y potencialmente maliciosos.

Un enfoque más elegante es el uso de **primitivas de dominio**. Los autores de "Secure by Design" las definen como una combinación de "constructos seguros y objetos de valor que definen el bloque de construcción más pequeño de un dominio". Retomando nuestro ejemplo del código postal, en lugar de usar un objeto de cadena genérico, el desarrollador crea un objeto específico del dominio para gestionar los códigos postales. Este objeto se autovalida y solo podrá ser creado si el formato del código postal proporcionado por el usuario es correcto; si el formato es incorrecto, el objeto no puede existir. Sin embargo, una vez que el objeto ha sido instanciado, se pasa como parámetro dentro de la aplicación. Esto garantiza que el valor del código postal siempre esté en el formato esperado. Finalmente, si el formato del código postal necesita cambiar, el desarrollador solo tiene que modificar el código de validación en un único lugar, reduciendo el esfuerzo y el riesgo de errores en la implementación. Diseñar aplicaciones y servicios para que utilicen primitivas de dominio es una solución sencilla para un problema complejo y mejora significativamente la seguridad de los productos de la organización.

Validación mediante Expresiones Regulares

La validación de cadenas de caracteres frecuentemente requiere el uso de **expresiones regulares**. Dentro de las primitivas de dominio, puede ser necesario validar la conversión de un valor de cadena al valor específico del dominio utilizando una expresión regular. Sin embargo, los desarrolladores deben emplearlas con precaución, ya que tienen sus propias debilidades de seguridad si no se utilizan correctamente. Para evitar un posible problema de denegación de servicio, los desarrolladores deben validar la longitud de la cadena antes de pasarla por una función de validación de expresión regular. La razón es que las cadenas más largas tardan un tiempo exponencialmente mayor en procesarse mediante una expresión regular. Los atacantes a menudo explotan esta debilidad para realizar ataques de denegación de servicio (DoS) contra la aplicación que realiza la validación, sobrecargando los recursos del servidor o del contenedor donde se ejecuta la aplicación. Retomando nuestro ejemplo del código postal, los ingenieros deben verificar que la cadena no exceda los ocho caracteres antes de aplicar la validación por expresión regular, garantizando así la eficiencia y la seguridad.

Políticas de Control de Acceso

Para que los atacantes logren sus objetivos dentro de una organización, necesitan obtener acceso a diversos recursos a medida que navegan por la red. Su objetivo principal es conseguir acceso administrativo a los servidores, ya sea para distribuir malware, ejecutar sus herramientas maliciosas o exfiltrar documentos, entre otras actividades. Si logran obtener acceso administrativo a la red, esto puede significar un "fin del juego" para la organización. La responsabilidad de defenderse contra esta amenaza recae de forma compartida en los desarrolladores y el personal de operaciones. Deben diseñar sistemas que restrinjan el acceso a los diversos elementos dentro de la red según su nivel de sensibilidad. Las políticas de control de acceso definen el **principal** (la entidad que solicita acceso, como un usuario o componente), el **sujeto** (la entidad activa que realiza la solicitud, como un proceso en ejecución) y el **objeto** (la entidad pasiva a la que se ha solicitado acceso).

Las políticas de control de acceso hacen cumplir reglas que determinan la identidad de las entidades (autenticación) y los permisos otorgados a cada entidad (autorización). Estas políticas juegan un papel crucial en el diseño de una aplicación y un sistema. Si existen debilidades causadas por autenticación y autorización inseguras, los actores maliciosos las explotarán para obtener control de los servicios de red de su interés. Las siguientes subsecciones profundizan en la autenticación y autorización, y también abordan el tema de la responsabilidad, un concepto relacionado con el control de acceso, todos ellos fundamentales en un entorno DevSecOps.

Autenticación

Numerosas aplicaciones necesitan verificar que están interactuando con una entidad conocida. Esa entidad puede ser una persona (como un cliente, un usuario registrado o un miembro del personal) o un componente automatizado (como otra API, un punto final o una aplicación distinta). Las entidades solo deben otorgar acceso a aquellas en quienes confían; por lo tanto, es crucial establecer la arquitectura de autenticación para todo el ecosistema antes de su implementación. Es necesario tener una certeza absoluta de la identidad del recurso, ya sea un usuario o un componente, antes de concederle acceso a recursos valiosos y sensibles. Si la entidad es una persona, la autenticación utiliza cuatro factores principales para establecer su identidad:

- **Algo que saben**, como una contraseña o un número de identificación personal (PIN).
- **Algo que tienen**, como un teléfono móvil, un token de autenticación o una tarjeta de identidad.
- **Algo que son**, determinado por autenticación biométrica, como una huella digital o características faciales.
- **Algo que hacen**, como el comportamiento de escritura en teclado, el reconocimiento de voz o firmas físicas.

Idealmente, se debe utilizar al menos dos factores para determinar la identidad de un usuario, preferiblemente para acceder a las áreas más restringidas de un sistema. Esto se conoce como **autenticación multifactor (MFA)**. Existen varias implementaciones comunes de MFA que los equipos DevOps deberían ser incentivados a adoptar al desarrollar sus aplicaciones y construir la infraestructura, por ejemplo, en la gestión de accesos a pipelines de GitLab o Azure DevOps.

Un ejemplo práctico: una vez que un usuario ha proporcionado un nombre de usuario y contraseña (lo que el usuario sabe), recibe una contraseña de un solo uso (OTP) que se envía a su teléfono (lo que el usuario tiene) a través de SMS. Para completar el proceso de autenticación, el usuario debe ingresar la OTP en el navegador web o en la aplicación. Una amenaza reciente contra este método es el secuestro de SIM (SIM-jacking), que implica que un atacante tome posesión del número de teléfono móvil del usuario, permitiéndole interceptar el mensaje OTP. La solución es solicitar al usuario que ingrese una OTP generada en un token físico de acceso o mediante un proveedor de autenticación instalado en su teléfono, lo cual evita la dependencia de los mensajes SMS, incrementando la seguridad.

Al diseñar un producto o funcionalidad, o incluso un proceso dentro del flujo de valor, se debe determinar si es necesario implementar autenticación. En algunos casos, el uso de usuarios anónimos es válido; por ejemplo, si los productos son puramente informativos, como un portal de noticias. Sin embargo, existen muchos escenarios en los que los usuarios de una aplicación necesitan registrarse para realizar una serie de tareas. Un modelo típico sería una aplicación donde los clientes compran un producto en un sitio web en el que ya se han registrado para acceder a sus datos de pago y dirección de entrega. La experiencia del cliente mejora porque no tienen que volver a introducir esta información cada vez que visitan el sitio para comprar un producto o servicio.

No todos los principales (entidades que se autentican) son humanos, lo que significa que algunos métodos de autenticación, como la biométrica y la conductual, no son relevantes. La autenticación no humana implica establecer confianza entre entidades, un proceso que a menudo utiliza certificados de clave pública (PKI) como los X.509. Debido a que estos certificados son públicos, no son una prueba de identidad a menos que las entidades conozcan la clave privada correspondiente a la clave pública. Por supuesto, la gestión segura de la clave privada es crucial para evitar que sea expuesta y explotada por atacantes. Las claves nunca deben almacenarse sin cifrar dentro de las entidades, incluso si han sido encriptadas; deben mantenerse en una ubicación de almacenamiento segura, como un repositorio separado o un módulo de seguridad de hardware (HSM).

Los ingenieros deben diseñar aplicaciones y servicios con un alto grado de garantía de que la identidad del principal (entidad que se autentica) es legítima. Además, a medida que los sistemas se vuelven más distribuidos, como en arquitecturas de microservicios o entornos de contenedores, es fundamental establecer identidades y autenticarlas en múltiples servicios. Esto incrementa la complejidad del proceso de autenticación. Afortunadamente, hoy existen varios protocolos que simplifican esta tarea, incluyendo **IdP (Identity Provider)**, **SAML (Security Assertion Markup Language)** y **OAuth**, compatibles con **OpenID Connect**. Los ingenieros DevOps deben familiarizarse con estas tecnologías y aplicarlas en consecuencia para asegurar la comunicación entre los componentes de una aplicación distribuida.

Autorización

La autorización define a qué objetos tiene acceso un principal y la manera en que puede acceder a cada uno. La clave para una política de control de acceso efectiva es aplicar el **principio de menor privilegio**, permitiendo solo a las entidades autorizadas el acceso a los recursos necesarios para realizar una tarea asignada. Existen varios protocolos para controlar el acceso a recursos, como las listas de control de acceso (ACL), el **control de acceso basado en roles (RBAC)** y el control de acceso basado en atributos (ABAC). Diseñar políticas de control de acceso es una actividad compleja; es común que los ingenieros ignoren el principio de menor privilegio y otorguen derechos de acceso con privilegios elevados para reducir esta complejidad, especialmente durante el desarrollo y las pruebas. Este es un enfoque de alto riesgo para la gestión de la autorización que crea oportunidades para que los atacantes las exploten, por lo que los ingenieros deben tener una comprensión exhaustiva de las identidades, roles y funciones para implementar una política de control de acceso. Esta comprensión aplica a lo largo de todo el ciclo de entrega, protegiendo todos los recursos dentro del flujo de valor, incluyendo la documentación, código fuente, imágenes de contenedores, archivos de configuración, herramientas de prueba automatizadas y herramientas de despliegue, así como dentro de las aplicaciones en ejecución en plataformas como GitLab, GitHub, Bitbucket, Jenkins o Azure DevOps. En resumen, toda entidad que deba interactuar con otra debe estar regida por reglas que determinen la naturaleza y el alcance de dicha asociación, asegurando que solo las interacciones autorizadas ocurran.

Responsabilidad

Aunque la autenticación y la autorización proporcionan un mecanismo para proteger recursos, la **responsabilidad** ofrece la garantía de que las acciones de los principales pueden ser rastreadas y que cumplen con las políticas de control de acceso. Diseñar un ecosistema que conecte los recorridos de autenticación y autorización es esencial. Proporciona información detallada sobre las acciones de las entidades, incluyendo empleados, clientes, proveedores y aplicaciones en ejecución, para respaldar el principio de no repudio, detectar intrusos y disuadir el uso inapropiado de los controles de acceso. Los registros detallados de acceso también son fundamentales si se deben tomar acciones legales contra individuos que actúen de forma fraudulenta. En un contexto DevSecOps, estos registros se integran en sistemas de monitoreo y observabilidad para un análisis continuo y una respuesta rápida a incidentes.

Objetos Inmutables

Diseñar la seguridad en las clases de aplicación es otra área que requiere una atención particular. Es común observar, y he sido partícipe de ello, cómo los desarrolladores intentan abarcar demasiado en sus clases, resultando en la creación de numerosos accesores públicos que permiten a los consumidores modificar el estado de un objeto después de su instanciación. Por ejemplo, si se crea una clase Cliente, es frecuente incluir múltiples modificadores públicos que permiten cambiar el valor de cada propiedad en tiempo de ejecución. Esta es una práctica desaconsejable que puede comprometer la seguridad y la integridad de los objetos de la aplicación. Si bien puede parecer razonable proporcionar una propiedad nombre editable en caso de que un cliente necesite cambiar su nombre (por ejemplo, tras un cambio en su estado civil), o una propiedad dirección editable para que el cliente actualice su dirección de entrega, los accesores públicos no controlan cómo o cuándo se modifican estos valores. Un atacante podría usar un accesor público para alterar el valor de una propiedad de instancia, como la dirección, durante las etapas finales de un proceso de cumplimiento de pedido. En lugar de que el cliente reciba los productos, el atacante desvía los artículos a otra dirección al manipular el valor de la propiedad dirección durante la ejecución. Para contrarrestar este riesgo, los objetos Cliente que se crean para este proceso de cumplimiento deben permanecer **inmutables**. Los desarrolladores deben diseñar las clases de tal manera que los objetos se pre-poblen con los valores correctos solo durante la instanciación. Estas propiedades también deben ser de solo lectura, lo que significa que no hay forma de cambiar el estado del objeto en tiempo de ejecución. Como resultado, los atacantes no pueden modificar el estado de un objeto existente una vez creado. En el ejemplo anterior, la dirección de entrega permanecerá como el cliente la había definido, garantizando la integridad de la transacción.

Manejo de Errores

Es imposible garantizar una aplicación completamente libre de errores durante su ejecución. Las excepciones pueden ocurrir por diversas razones: recursos no disponibles, valores inesperados, punteros nulos, entre otros. Las aplicaciones bien diseñadas deben ser capaces de gestionar estas excepciones cuando se producen para que el estado de la aplicación se mantenga predecible. Además, la aplicación o servicio debe ofrecer una experiencia de usuario positiva en todo momento, por lo que cuando ocurre una excepción, el cliente debe recibir un mensaje útil que le permita navegar hacia una zona segura o comprender el estado de su operación.

Es demasiado común que los usuarios se encuentren con una página que contiene detalles técnicos irrelevantes o, peor aún, una página en blanco sin opciones de navegación. Si esto sucede durante una transacción de pago, puede ser desconcertante para un cliente, quien quedará en la incertidumbre sobre si el pago se realizó o si se generó el pedido.

Si las excepciones no se manejan correctamente, los atacantes pueden explotar los estados inesperados de una aplicación para manipular su comportamiento con fines maliciosos. La página mencionada anteriormente, que exhibe una descomposición técnica de la excepción, si bien no es útil para un cliente, es un tesoro de información para un atacante. Esta información puede revelar datos sobre la arquitectura subyacente o la topología de red, como nombres de funciones, clases y direcciones IP internas de los contenedores o servidores. El atacante también puede utilizar estas excepciones para localizar y explotar ataques de inyección a ciegas, comprometiendo la seguridad.

Los principios de diseño adecuados fomentan que los programadores utilicen la gestión de excepciones correctamente, y los ingenieros deben familiarizarse con estos principios en un contexto DevSecOps. Por ejemplo, es imperativo que todo el código que pueda lanzar una excepción esté manejado dentro de una estructura try-catch-finally (o su equivalente en el lenguaje de programación utilizado).

Los ingenieros de desarrollo que escriben código para aplicaciones de red deben enriquecer las excepciones con detalles relevantes para ayudar a los ingenieros de DevOps —incluyendo a otros desarrolladores, así como a ingenieros de operaciones— a corregir los problemas que causaron la excepción.

Las excepciones genéricas son, en gran medida, inútiles, ya que obligan a los ingenieros a investigar la causa raíz del problema mediante un proceso de depuración prolongado, lo que ralentiza su capacidad para solucionar el problema y afecta la velocidad de entrega en un pipeline CI/CD. De manera similar, el uso de códigos de error también debe manejarse con cautela. Emplear códigos de error en lugar de excepciones genera confusión y retrasa tanto la depuración como la corrección de errores, impactando negativamente el flujo de trabajo del equipo. Como se mencionó anteriormente, esto interrumpe el flujo de valor y puede tener un impacto significativo en el negocio.

El uso de excepciones para controlar decisiones lógicas también tendrá un efecto perjudicial en la productividad y la seguridad. Esto ocurre cuando se lanza una excepción para indicar que se ha alcanzado un estado particular, y el manejador de excepciones se utiliza para ejecutar otra función. Por ejemplo, el pseudocódigo if value=true then return value else throw new Exception debe evitarse. Este estilo de codificación dificulta la comprensión de la lógica, incrementando el riesgo de no poder controlar el estado de la aplicación. Como resultado, las vulnerabilidades de seguridad son mucho más difíciles de detectar y corregir dentro de esta lógica. Una solución más adecuada es utilizar una lógica condicional explícita, como if value=true return value else doSomething(), que mejora la legibilidad, la mantenibilidad y la seguridad del código.

Registro de Excepciones

Cuando ocurren excepciones, es vital registrar los detalles en una herramienta de registro apropiada. Los mensajes de error generados durante una excepción deben contener suficiente información para ayudar a los desarrolladores, testers o personal de operaciones a resolver la causa raíz del problema. Como se indicó en la subsección de "Manejo de errores", el cliente final no necesita conocer los detalles de bajo nivel de lo que salió mal en la aplicación; se beneficiará de un mensaje de error amigable con una breve explicación de la situación y ofreciendo una forma de salir de ella. Por otro lado, los ingenieros deben disponer de todos los detalles necesarios para resolver los problemas que causaron la excepción; por lo tanto, proporcionar un seguimiento de pila completo es útil. Sin embargo, es importante reiterar que los atacantes pueden extraer detalles de los seguimientos de pila que ofrecen pistas sobre el diseño de la aplicación y el entorno en el que está alojada (incluyendo la topología de contenedores o la configuración de servidores), por lo que es imperativo agregar controles para proteger estos registros. Los datos altamente sensibles deben cifrarse u ofuscarse (enmascarados con caracteres como '#'). El acceso a los registros debe estar estrictamente restringido y limitado en el tiempo, preferiblemente mediante un sistema de gestión de acceso privilegiado (PAM).

Dentro de DevOps, los registros son cruciales para el funcionamiento general del ciclo de retroalimentación continua. Es necesario monitorear constantemente los registros para identificar cuándo se lanzan excepciones, de modo que los ingenieros puedan proporcionar una solución oportuna. Existen numerosas herramientas de registro que facilitan este proceso, utilizando heurísticas y coincidencia de patrones para identificar posibles errores de seguridad derivados de excepciones registradas en los archivos de registro. Las excepciones registradas también alimentan herramientas de monitoreo y alerta, las cuales pueden identificar cuándo se lanzan excepciones debido a actividades potencialmente maliciosas, como intentos de ataques de inyección a ciegas realizados por atacantes para probar la solidez del control de acceso.

Microservicios

El concepto detrás de la arquitectura de **microservicios** es establecer un diseño que permita que servicios independientes sean concebidos, desarrollados, desplegados y mantenidos de acuerdo con un modelo de dominio empresarial. Cada servicio tiene la capacidad de comunicarse con otros servicios sin tener dependencias directas entre sí, y cada servicio gestiona de forma autónoma su propio almacenamiento de datos, recuperación de datos, lógica empresarial y presentación. Esta arquitectura contrasta marcadamente con un **monolito** tradicional, donde toda la lógica empresarial se agrupa en un único paquete desplegable, lo que a menudo resulta en aplicaciones enormes y complejas.

Aunque los sistemas monolíticos pueden modularse en torno a dominios empresariales, generalmente los diversos componentes están estrechamente acoplados y se conectan a una o más bases de datos con esquemas extensos que almacenan datos para todos los dominios empresariales relevantes. Cuando los ingenieros necesitan realizar un cambio en una característica de un monolito, se debe volver a compilar y probar toda la aplicación y, a menudo, la base de datos completa.

Los despliegues de monolitos son invariablemente problemáticos. Normalmente consisten en pasos manuales complejos, lo que requiere que toda la aplicación se desconecte, resultando en largos períodos de interrupción para los clientes. No es inusual que los ingenieros de operaciones dediquen extensos períodos durante los fines de semana y las noches a corregir errores durante el proceso de despliegue, mientras que los ingenieros de desarrollo permanecen en espera para aplicar correcciones rápidas al código. Los errores son frecuentes durante estas fases de alta presión, ya que los ingenieros lidian con problemas de inestabilidad, fallos esporádicos o incluso corrupción de datos. Desde una perspectiva de seguridad, en su prisa por llevar el monolito a un estado listo para producción durante la ventana de lanzamiento, los ingenieros recurren a malas prácticas. Por ejemplo, si un servicio falla debido a políticas de acceso incorrectas para leer datos de una base de datos, el ingeniero podría ignorar el principio de menor privilegio y asignar al servicio permisos más altos de los necesarios para solucionar el problema. Es común que se realicen cambios en el código directamente durante el despliegue, omitiendo actividades normales como revisiones de código y pruebas, lo que introduce debilidades de seguridad en la aplicación y es un anti-patrón en DevSecOps.

Por otro lado, los microservicios están diseñados, desarrollados, probados y desplegados como componentes aislados por un equipo multifuncional dedicado que trabaja como una unidad autónoma. Como resultado, facilitan los cinco ideales de DevOps: equipos independientes y enfocados con mayor productividad, seguridad psicológica y excelentes experiencias para el cliente. Los equipos también pueden liberar software con mayor frecuencia a través de lanzamientos de bajo riesgo, impulsados por un diseño centrado en la seguridad, pruebas automatizadas y aprendizaje continuo, elementos fundamentales de la cultura DevSecOps.

Seguridad en Microservicios

La arquitectura de microservicios no es inherentemente más segura que la arquitectura de aplicaciones monolíticas, aunque presenta ciertos beneficios en un entorno distribuido. Es crucial considerar cuidadosamente cómo se diseñan e implementan los microservicios para evitar introducir vulnerabilidades. Por lo tanto, los ingenieros deben integrar la seguridad desde las fases de diseño y desarrollo de cada microservicio.

La gestión de la seguridad difiere entre monolitos y microservicios, lo que hace que copiar características de seguridad de arquitecturas monolíticas a microservicios no sea ideal. En monolitos, cuando un usuario se autentica con credenciales válidas, se genera un identificador de sesión que se almacena en memoria. Las llamadas subsiguientes al monolito validan esta sesión y autorizan al usuario. Sin embargo, las sesiones en memoria no son viables en microservicios, ya que cada servicio se ejecuta en su propio proceso dentro de una arquitectura distribuida. Para superar este obstáculo, es importante diseñar microservicios para gestionar la autenticación y autorización de forma independiente de los servicios individuales, manteniendo al mismo tiempo los niveles de confidencialidad requeridos por la aplicación.

La opción óptima para autenticar a un usuario en un microservicio es centralizar las solicitudes de autenticación dentro de una **API Gateway**, en lugar de permitir que cada servicio gestione su propia autenticación. Esto reduce la probabilidad de introducir vulnerabilidades y facilita la colaboración entre equipos de DevOps e ingenieros de seguridad. Una vez autenticado, se emite un token de acceso al usuario que este puede usar para realizar solicitudes a un servicio. No obstante, otro aspecto de diseño a considerar es cómo autorizar a un usuario que accede a un servicio. Utilizar la API Gateway para gestionar los pares de autorización acopla fuertemente la API Gateway al servicio, mientras que permitir que los servicios gestionen su propia autorización proporciona una solución más desacoplada, pero requiere que el token de autenticación se pase al servicio, lo que incrementa el riesgo de intercepción. Una solución más eficaz es usar **OAuth 2.0** dentro del microservicio. OAuth 2.0 es un marco para gestionar tanto la autenticación como la autorización, emitiendo tokens de acceso y tokens de actualización para identificar al usuario. El token de acceso, generalmente un **JSON Web Token (JWT)**, contiene la identidad y los roles del usuario. Para evitar que el token sea utilizado por un atacante malicioso que lo haya interceptado, cada token de acceso se emite con una fecha de expiración corta, limitando la ventana de exposición.

Además de implementar un modelo de autenticación y autorización, hay otras consideraciones de seguridad que deben incorporarse a un microservicio. Dado que cada servicio se comunica a través de la red, es importante proteger los canales de comunicación para todas las APIs utilizando **Transport Layer Security (TLS)** para cifrar los datos en tránsito. Si los servicios se despliegan en contenedores, la provisión y gestión de certificados puede facilitarse a través de una **malla de servicios (service mesh)**. Estas APIs públicas deben diseñarse para incorporar **limitación de tasa (rate limiting)** para prevenir ataques DDoS y deben incluir mecanismos de autenticación, como se describió anteriormente.

La arquitectura de microservicios se adapta excepcionalmente bien a la filosofía DevOps. Proporciona un método ágil para desarrollar, probar y desplegar funcionalidades sin afectar la ejecución de las aplicaciones, y puede utilizarse en la experimentación para activar o desactivar funcionalidades para todos los usuarios o para grupos específicos. Además, la automatización del despliegue de microservicios ofrece oportunidades para implementar pruebas automatizadas que mejoren la seguridad de la aplicación y permitan un control de acceso más granular, lo que se integra perfectamente con pipelines de CI/CD en plataformas como GitLab, GitHub, Bitbucket, Jenkins y Azure DevOps.

Tecnologías de Contenedores

El auge de las **tecnologías de contenedores** ha sido impulsado principalmente por la adopción de servicios de alojamiento en la nube, el surgimiento de la cultura DevOps, y la necesidad imperante de desarrollar, probar y desplegar nuevos productos y características para los clientes con mayor eficiencia y menores costos. Estas tecnologías están diseñadas para simplificar el flujo de valor y minimizar las interrupciones para los clientes; sin embargo, esta aparente simplicidad oculta una complejidad subyacente en la forma en que estas tecnologías se integran. Con una mayor complejidad, se presenta un riesgo elevado en términos de ciberseguridad. Las malas configuraciones, el diseño deficiente y la implementación incorrecta pueden generar vulnerabilidades significativas en las defensas que los atacantes pueden explotar. Por lo tanto, es esencial que los ingenieros de DevOps y los expertos en seguridad informática comprendan las implicaciones de seguridad involucradas en la configuración de un servicio basado en contenedores para proteger eficazmente las aplicaciones y la infraestructura subyacente. En esta sección, se describirán estas tecnologías y se proporcionará orientación sobre cómo diseñar, implementar y mantener la seguridad de los productos alojados en una arquitectura basada en contenedores.

¿Qué son los Contenedores?

En el desarrollo de software, los **contenedores** son instancias ligeras, pequeñas y desplegables de aplicaciones que encapsulan los recursos mínimos requeridos por una aplicación o servicio para ejecutarse en un host. La abstracción del software respecto a la infraestructura subyacente permite a los equipos desarrollar, probar y desplegar código fácilmente en cualquier entorno, incluyendo producción, lo que los hace ideales para aplicaciones y servicios alojados en plataformas de nube. Los contenedores son instancias en ejecución de **imágenes**, que son paquetes de software autónomos, ejecutables y de solo lectura. Estas imágenes incluyen todo lo necesario para ejecutar una aplicación: código fuente, entorno de ejecución, bibliotecas del sistema y configuraciones. Los contenedores pueden ser creados, iniciados, detenidos, movidos o eliminados. Cada contenedor se define por su imagen, además de cualquier configuración realizada durante su creación o inicio.

Los contenedores están diseñados para ser **efímeros**, existiendo solo el tiempo necesario para cumplir su propósito. Este enfoque difiere de la arquitectura tradicional, donde las aplicaciones y servicios se despliegan en un servidor y son mantenidos por desarrolladores u operadores durante un largo período. Esta distinción se compara a menudo con la diferencia entre "mascotas" (servidores cuidados individualmente) y "ganado" (instancias gestionadas colectivamente en manadas). Bajo este enfoque de arquitectura de contenedores, no debería ser necesario acceder a los contenedores en tiempo de ejecución para realizar cambios.

Los ingenieros de operaciones y desarrollo están habituados a acceder a un servidor en vivo para aplicar una corrección rápida a un problema de producción. Sin embargo, los contenedores deben diseñarse para ser **inmutables**. La inmutabilidad reduce la superficie de ataque de manera considerable, impidiendo que cualquier entidad —incluido un atacante— realice cambios dentro de los contenedores una vez desplegados. Este es un concepto de diseño crucial y significa que características de acceso remoto a contenedores, como Secure Shell (SSH), deben deshabilitarse o ser estrictamente controladas.

Seguridad de Contenedores

Liz Rice, en su libro "Container Security", proporciona una valiosa lista de verificación de los diversos requisitos de seguridad para diseñar e implementar contenedores, un excelente punto de partida para cualquier organización que busque adoptar esta tecnología.

Existen varias amenazas directamente relacionadas con los contenedores que los ingenieros deben ser capaces de mitigar. Estas incluyen el **escape de contenedores** (un atacante rompe el aislamiento del contenedor para acceder al host), la **exposición de secretos del contenedor** (credenciales sensibles expuestas), y el **compromiso de imágenes y hosts de contenedores.** Además, las aplicaciones que se ejecutan dentro de los contenedores, así como la conectividad de red entre los contenedores y la red de la organización, deben diseñarse de forma segura. Por lo tanto, la seguridad de los contenedores exige una serie de decisiones arquitectónicas que los ingenieros deben considerar para abordar estas amenazas de manera integral en un enfoque DevSecOps.

Cada contenedor debe estar aislado en su propio espacio de trabajo mediante un conjunto de *namespaces* (espacios de nombres). El aislamiento limita su capacidad de acceso a otras cargas de trabajo que se ejecutan en otros contenedores, así como restringe el acceso al sistema de archivos del host y a los grupos de control. Dado que los contenedores a menudo se ejecutan por defecto con privilegios de *root*, aislarlos explícitamente es fundamental para evitar que actores maliciosos exploten vulnerabilidades, logrando que el contenedor acceda a otros recursos del sistema o de otros contenedores.

En la mayoría de los casos, las aplicaciones que se ejecutan dentro de los contenedores necesitarán acceder a credenciales en tiempo de ejecución para interactuar con otros recursos como bases de datos o APIs externas. La forma en que se administran estos **secretos** es un paso crítico en el diseño de seguridad. Existen varias opciones para inyectar secretos en los contenedores, incluyendo la inserción de valores cifrados dentro de la imagen del contenedor para que se inyecten durante el proceso de compilación, el almacenamiento de secretos en variables de entorno o el uso del sistema de archivos accesible a través de un volumen montado. Cada uno de estos métodos tiene debilidades y fortalezas, lo que implica que la elección adecuada debe basarse en el apetito de riesgo de la organización y el contexto operativo. Es vital evitar la codificación de secretos directamente en las imágenes de contenedores, ya que una vez comprometidos, pueden ser extraídos.

Las imágenes de contenedores se construyen utilizando un conjunto de instrucciones de línea de comandos listadas en un archivo simple, como un Dockerfile. El contenido de este archivo debe ser gestionado y revisado por individuos que comprendan los riesgos de seguridad asociados con estas instrucciones, como la inclusión de paquetes innecesarios o la ejecución de comandos con privilegios elevados. El archivo Dockerfile también debe tratarse como un recurso altamente restringido y protegerse mediante controles de acceso y monitoreo con software antimalware, para salvaguardar las imágenes contra contenido malicioso, como malware inyectado en el momento de la construcción en el pipeline de CI/CD.

Finalmente, los contenedores se alojan en máquinas virtuales (VMs) o directamente en hardware (bare metal), ya sea en la nube o en centros de datos propios. Por lo tanto, es crucial diseñar estos sistemas para minimizar su superficie de exposición (por ejemplo, asegurándose de que solo se instalen los servicios mínimos necesarios para ejecutar los contenedores) y escanearlos regularmente en busca de vulnerabilidades emergentes, utilizando herramientas de escaneo de imágenes en repositorios como GitLab Container Registry o Azure Container Registry. Los contenedores pueden convertirse en un eslabón débil en la cadena de seguridad si no se diseñan con una arquitectura y configuraciones adecuadas. Se recomienda encarecidamente que los ingenieros se familiaricen con los tipos de amenazas asociadas con los contenedores y sepan cómo aplicar medidas de seguridad para proteger la organización.

Seguridad de la Imagen

Los archivos de imagen de contenedores son los planos que describen cómo se construyen y ejecutan los contenedores; en esencia, definen cualquier aplicación que se ejecute en un contenedor. Esto significa que deben tratarse como activos altamente sensibles para evitar que usuarios malintencionados los exploten. Deben almacenarse de forma segura, un aspecto que se abordará en la subsección sobre "registros de imágenes". Además, son propensos a errores de configuración que pueden generar riesgos de seguridad, los cuales se discutirán a continuación.

Las imágenes se basan en capas, siendo la más baja la capa base, que normalmente contiene el sistema operativo (SO) en el que se ejecutarán las aplicaciones dentro del contenedor. Sería un error incluir un sistema operativo completo en el archivo de imagen, ya que una aplicación contenerizada solo necesita las funciones mínimas para ejecutarse. Existen diversas imágenes base ligeras que los equipos deberían usar, diseñadas para ser pequeñas, seguras y eficientes, en contraste con los sistemas operativos completos. Al no usar un SO completo, se reduce significativamente la superficie de ataque del contenedor en ejecución, minimizando el riesgo de explotación. También se pueden usar **compilaciones por etapas (multi-staged builds)** para reducir el tamaño de la imagen final, moviendo las funciones de la imagen base necesarias para la fase de construcción y compilación a una imagen más pequeña que es la requerida para ejecutar la aplicación, optimizando la eficiencia y la seguridad.

Los ingenieros DevOps también deben considerar la identidad del contenedor al crear el archivo de imagen. Lamentablemente, muchos archivos de imagen utilizan un usuario por defecto que tiene acceso *root* al host del contenedor. Esto significa que es esencial que los ingenieros especifiquen un usuario con los menores privilegios posibles para ejecutar el contenedor. Dado que el valor por defecto es el usuario *root* altamente permisivo, si los ingenieros no lo especifican explícitamente, el riesgo de un ataque en el host —lo que se conoce como "escape del contenedor"— aumenta significativamente, comprometiendo la seguridad del sistema subyacente.

Una de las recomendaciones más importantes en la comunidad DevOps es **no codificar directamente las credenciales dentro de los archivos de imagen**, ya sea en texto claro o cifradas. Dado que estas imágenes pueden ser leídas por otros equipos que las consumen, es una práctica extremadamente deficiente almacenar cualquier secreto (contraseñas, claves API) dentro de la imagen. Incluso si el archivo no es accesible en tiempo de ejecución y está protegido por listas de control de acceso con el nivel correcto de privilegios, estos secretos aún pueden ser revelados y explotados en una imagen comprometida, como se explicó anteriormente en la subsección de "seguridad en contenedores". Por lo tanto, la regla clara para los equipos DevSecOps es: **no codificar secretos directamente en la imagen de contenedor.** En su lugar, se deben utilizar soluciones de gestión de secretos externas y seguras, como HashiCorp Vault o Azure Key Vault, integradas con los pipelines de CI/CD.

Asegurar que las imágenes sean confiables para otros equipos que las consumen requiere considerar también el diseño del nombre de la imagen. En primer lugar, los ingenieros DevOps deberían firmar sus propias imágenes y establecer mecanismos para verificar su autenticidad. Esta acción previene ataques de tipo *man-in-the-middle* (MITM), donde un atacante podría modificar los archivos de imagen entre su despliegue y consumo. También se recomienda establecer una convención de nombres que ayude a los ingenieros a distinguir entre las diferentes versiones de las imágenes. Esto es crucial para identificar imágenes potencialmente vulnerables frente a sus versiones parcheadas. Los ingenieros deben nombrar sus etiquetas con un número de versión, como por ejemplo alpine-v2.01, en lugar de depender de la etiqueta latest (las versiones numeradas se pueden identificar fácilmente, mientras que latest puede inducir a error). Aunque esto puede implicar una sobrecarga para la automatización que busca la etiqueta latest, se puede superar con principios de diseño que respalden una convención de nombres dinámica y una gestión automatizada de las etiquetas en los registros de imágenes.

Registros de Imágenes

Un **registro de imágenes** es un servicio encargado de almacenar y distribuir imágenes de contenedores. La mayoría de las organizaciones utilizan un registro de terceros como Docker Hub, el Registro de Contenedores de Google, el Registro de Contenedores Elástico de Amazon (ECR) o Azure Container Registry. Estos pueden ser públicos o privados, dependiendo de la política de la organización sobre registros de imágenes, siendo los registros privados los que deben mantenerse dentro de la organización para mayor seguridad. Cada imagen se almacena junto con su manifiesto de imagen, que define las capas que componen la imagen, y su resumen de imagen (*digest*), que es un identificador único basado en una suma hash del manifiesto. Las imágenes también pueden ser etiquetadas para facilitar su identificación mediante etiquetas, como por ejemplo el uso de una etiqueta de versión. Sin embargo, dado que estas etiquetas pueden estar asociadas a múltiples imágenes, una etiqueta no garantiza que se descargue la misma imagen del repositorio en cada ocasión. Desde una perspectiva de seguridad, existe una distinción importante entre una etiqueta y un resumen (*digest*), particularmente para afirmar la integridad de la imagen y garantizar que no ha sido alterada.

Existen medidas de seguridad obvias que los equipos DevSecOps deben implementar para mitigar los riesgos asociados con los registros de imágenes. Una de las principales preocupaciones es el uso de una imagen que haya sido comprometida por un atacante, ya sea mientras está almacenada en reposo en el registro o al ser descargada desde él. Una forma eficaz de abordar esto es restringir a los ingenieros para que solo accedan a registros aprobados, ya sean privados o públicos, y que estos registros sean escaneados continuamente para detectar vulnerabilidades. Los ingenieros deben tener acceso limitado a las imágenes dentro de los registros, basado en su rol dentro del flujo de valor. Por ejemplo, los ingenieros solo deberían usar imágenes base aprobadas que hayan sido escaneadas para detectar vulnerabilidades conocidas. Para garantizar el uso de imágenes aprobadas, estas deben estar firmadas con un algoritmo criptográfico que pueda ser verificado durante el tiempo de ejecución, utilizando soluciones como Docker Content Trust o Notary.

El Dockerfile es una parte esencial de la construcción de imágenes y debe tratarse como cualquier otro código fuente valioso: debe estar bajo control de versiones (en Git, gestionado por GitLab, GitHub o Bitbucket) y protegido mediante controles de acceso estrictos. También existen consideraciones de seguridad que se deben tener en cuenta en el diseño del Dockerfile, como hacer referencia solo a componentes necesarios, minimizar el número de capas y usar compilaciones por etapas (*multi-stage builds*) para eliminar componentes que no son necesarios durante el tiempo de ejecución (como los compiladores o herramientas de desarrollo), lo que reduce la superficie de ataque de la imagen final.

Orquestación

La **orquestación** es un proceso automatizado diseñado para gestionar las cargas de trabajo de contenedores a través de múltiples clústeres. Cada clúster consta de un plano de control (*control plane*), que supervisa y gestiona un conjunto de máquinas de trabajo denominadas nodos. El plano de control facilita actividades como la programación (*scheduling*), el aprovisionamiento y el escalado de instancias de contenedores. Cuando el entorno de ejecución requiere más recursos en la infraestructura del host, como CPU y RAM, el sistema de orquestación lanza más contenedores para satisfacer esta demanda; cuando la demanda disminuye, termina contenedores para liberar los recursos del host, optimizando costos. Existen numerosas herramientas de orquestación de código abierto y comerciales, como Docker Swarm (una solución de orquestación nativa de Docker) y **Kubernetes (K8s)**, que se ha consolidado como el actor principal en la orquestación de contenedores a gran escala. Otros como HashiCorp Nomad y Apache Mesos (en fase de desuso) también han tenido una porción del mercado. Adicionalmente, existen versiones gestionadas en la nube, como Amazon Web Services (AWS) Elastic Container Service (ECS), Google Cloud Kubernetes Engine (GKE) y Azure Container Instances (ACI).

Diseñar una arquitectura de orquestación segura es de suma importancia. Un atacante que logre controlar los clústeres podría causar un daño catastrófico a la organización. Por lo tanto, es fundamental protegerlos desde el inicio. Lamentablemente, algunas de las herramientas de orquestación, particularmente las más antiguas, no son seguras por defecto, lo que exige familiarizarse con sus debilidades inherentes y mitigarlas. La orquestación puede ser administrada mediante una API o a través de un panel de control (*dashboard*). En ambos casos, los usuarios no autenticados deben ser incapaces de realizar tareas esenciales en el clúster. Sin este control, usuarios anónimos tendrían acceso total al clúster, otorgándoles acceso *root* a los activos más valiosos de la organización.

La orquestación es una capacidad poderosa que requiere un diseño e implementación cuidadosos para protegerse contra ataques maliciosos. Existen herramientas y guías disponibles, como la guía de evaluación de referencia del CIS (Center for Internet Security), que proporcionan orientación detallada sobre cómo construir una arquitectura segura de contenedores y orquestación con Kubernetes, alineándose con las mejores prácticas de DevSecOps.

Malla de Servicios (Service Mesh)

Una **malla de servicios (service mesh)** es una capa de infraestructura dedicada y configurable, diseñada para abstraer las tareas de red de la capa de aplicación, haciendo que la comunicación entre servicios sea más segura, rápida y fiable. La abstracción de la comunicación de red de la capa de aplicación permite la escalabilidad de los microservicios en un entorno de nube, ya que libera a los desarrolladores para centrarse en la lógica de negocio de la aplicación y a los ingenieros de operaciones para gestionar la comunicación entre servicios de manera eficiente. Una implementación estándar de malla de servicios utiliza un servidor proxy para permitir que un servicio encuentre y se comunique con otro. Este proxy especializado se denomina *sidecar* y se ejecuta junto al componente cuyo tráfico debe administrar. Otras arquitecturas incluyen una librería, que se integra directamente en el código de la aplicación y, por tanto, está ligada al lenguaje en el que se escribió; y agentes de nodo, que actúan como demonios para los contenedores que se ejecutan en un nodo específico. La mayoría de las tecnologías modernas de malla de servicios se basan en proxies *sidecar*, lo que facilita su despliegue y gestión en entornos de contenedores orquestados por Kubernetes.

Una arquitectura de contenedores es ideal para un entorno DevOps, ya que proporciona un alto nivel de control sobre el comportamiento de cada servicio. La implementación de una malla de servicios es útil para probar el tráfico durante experimentos con un subconjunto de clientes y permite un tiempo de inactividad controlado para nuevas versiones antes de que se implementen en todo el clúster. Las mallas de servicios también funcionan como una capa de control de entrada cuando se utilizan como puerta de enlace para la comunicación entre contenedores, ofreciendo capacidades avanzadas de enrutamiento y seguridad.

Existen varias consideraciones de seguridad importantes al trabajar con tecnologías de malla de servicios. Dado que la configuración de una malla de servicios se gestiona típicamente mediante archivos YAML, es crucial validar estos archivos para asegurar que cumplan con las buenas prácticas de seguridad. En particular, es fundamental verificar que las políticas de tráfico estén correctamente aplicadas, que el **RBAC (control de acceso basado en roles)** esté configurado de forma granular, que los usuarios sean claramente identificables y que los servicios estén vinculados a los procesos correctos y con los privilegios mínimos necesarios. Las políticas de seguridad pueden aplicarse a un nivel granular, por ejemplo, por servicio, espacio de nombres o ruta, para hacer cumplir las restricciones de acceso de manera efectiva. La malla de servicios también puede gestionar certificados y claves para todos los espacios de nombres, facilitando la implementación de TLS mutuo (mTLS) entre servicios, y aplicar diferentes controles de acceso para los servicios, fortaleciendo la postura de seguridad en un entorno de microservicios.

Asegurando el "Pipeline"

La capacidad de entregar software a los clientes con la máxima rapidez es un factor fundamental para la adopción de las prácticas DevOps. Los desarrolladores realizan pequeños cambios incrementales en sus productos, los cuales se procesan dentro de un flujo de trabajo automatizado que crea paquetes, prueba los cambios y despliega el producto en el entorno correspondiente. Este flujo de trabajo se conoce como **canalización de integración/entrega continua (CI/CD)**. El proceso comienza cuando el desarrollador consolida el código en un sistema de gestión de código fuente (SCM) como Git (gestionado en plataformas como GitLab, GitHub, Bitbucket o Azure DevOps). Esto desencadena una compilación que implica extraer el código fuente actualizado del SCM, compilar la aplicación, ejecutar una serie de pruebas automatizadas y mover el paquete a un entorno de destino, como un servidor de pruebas, un servidor de preparación o incluso un servidor de producción, todo orquestado por herramientas como Jenkins.

Con una cantidad tan grande de datos moviéndose a través de múltiples límites de permisos, existen numerosos riesgos que los ingenieros DevSecOps deben abordar para mantener un entorno de desarrollo seguro. Contar con una arquitectura "segura por diseño" juega un papel crucial en el mantenimiento de una canalización y un producto seguros. Escanear pequeños fragmentos de código o microservicios desarrollados con una funcionalidad empresarial específica es más manejable que escanear una aplicación monolítica grande cada vez que un desarrollador realiza un cambio de código. Mantener las contraseñas de la aplicación seguras durante el proceso de construcción y despliegue también es una preocupación de seguridad. Lamentablemente, las contraseñas almacenadas en texto claro dentro de archivos de configuración de la aplicación, o peor aún, dentro del código fuente de la aplicación, son un problema común que debe evitarse a toda costa. Existen varias soluciones para mantener las claves seguras dentro de la canalización, incluyendo **cofres de claves (vaults)** y **Módulos de Seguridad de Hardware (HSMs)**, integrados en la cadena de herramientas de CI/CD. Subyacente a esto, una arquitectura de producto que simplifique el manejo de secretos para los ingenieros de desarrollo es esencial.

Es fundamental valorar los artefactos generados por los ingenieros: aquellos creados a partir del código fuente son algunos de los activos más importantes que posee la organización. Contienen los algoritmos que confieren a los productos una ventaja competitiva, es decir, el conocimiento intelectual de la organización. Por lo tanto, como cualquier otro activo valioso, el código fuente, los archivos de configuración y los scripts de despliegue deben mantenerse seguros en todo momento. Solo los ingenieros que trabajan en un artefacto específico necesitan acceso a sus archivos. Si los equipos están estructurados en torno a funciones de producto y servicio, las políticas a nivel de jerarquía permitirán restringir a los desarrolladores para que trabajen solo en sus propios productos. También restringirán el acceso a los probadores a los productos que prueban, mientras que los propietarios del producto tendrán acceso a los productos que poseen. Además, se les negará el acceso a cambios que estén fuera de los requisitos de su rol, haciendo cumplir el principio de menor privilegio.

Una vez que el código fuente ha sido confirmado en un repositorio de código fuente, activando la canalización CI/CD, no debe haber intervención humana en el recorrido del código fuente hacia el entorno de destino. Todas las tareas realizadas en la canalización CI/CD deben estar completamente automatizadas en un entorno DevOps. Aplicar seguridad a esto también significa que solo los procesos diseñados para realizar la tarea pueden ejecutar las acciones en la canalización CI/CD. Los ingenieros de operaciones configuran cada paso de la canalización de forma segura estableciendo confianza entre los distintos componentes, lo que significa que pasos específicos de la canalización solo pueden ser activados por procesos autenticados y autorizados para realizar esa tarea. Sin una configuración segura, un actor malicioso puede utilizar un proceso para realizar una tarea que no debería estar permitida, como usar la tarea de compilación para agregar un componente malicioso al paquete, actualizando los scripts relevantes para obtener el componente de un sitio de terceros. Si la tarea de compilación tiene permiso para acceder a Internet, la acción maliciosa es más fácil de realizar; por lo tanto, las políticas de acceso deben extenderse más allá de los usuarios humanos para incluir los procesos integrados en la canalización, garantizando una seguridad de extremo a extremo.

La implementación continua es una extensión de la canalización CI/CD que implica llevar los cambios de código de un ingeniero a producción. En DevOps, esto puede ocurrir múltiples veces al día. La seguridad de la canalización CI/CD garantiza que lo que se despliega en producción sean los cambios previstos realizados por los ingenieros. Automatizar los pasos y proporcionar políticas de acceso estrictas para los procesos involucrados en el despliegue proporciona un alto nivel de seguridad; sin embargo, esto hace que la separación de funciones sea más desafiante. La persona que escribe el código no debe ser la misma que lo despliega en producción. En la implementación continua, el despliegue de código es un proceso automatizado, activado por el desarrollador al enviar cambios al repositorio de código fuente. La pregunta frecuente es cómo este proceso puede ser seguro si requiere que los pasos sean realizados por diferentes personas. La respuesta es que en DevOps, el desarrollador es responsable de escribir el código, y las operaciones son responsables de escribir los procesos automatizados que impulsan este código a través de la canalización hasta producción. Mientras esta práctica se siga y se evidencie, cumplirá con las necesidades de cumplimiento. La participación adicional de ingenieros de seguridad que incorporen controles de seguridad como parte de los pasos de la canalización CI/CD refuerza aún más este proceso, alineando los objetivos de velocidad y seguridad.

Una arquitectura operativa que, a su vez, respalde la entrega de software es igualmente importante para mantener una oferta segura para los clientes. Las decisiones arquitectónicas deficientes al configurar la canalización CI/CD conducirán a procedimientos mal implementados que podrían dejar los productos expuestos a incidentes de seguridad. Reducir este riesgo requiere tratar la canalización CI/CD como un producto en sí mismo, aplicando el mismo alto nivel de diligencia que se aplicaría al producto que se entrega a los clientes, con auditorías continuas y mejoras basadas en la experiencia.

Conclusión del Capítulo: Diseño seguro por defecto

Al seguir principios de diseño de calidad en el desarrollo de software de aplicación e infraestructura, los equipos DevOps pueden reducir de forma implícita y sustancial el riesgo de introducir vulnerabilidades en los productos que desarrollan y soportan. Basándose en estrategias de educación en seguridad, los ingenieros deben diseñar productos utilizando principios establecidos en la industria del desarrollo de software desde hace muchos años.

Adoptar una cultura DevSecOps implica mucho más que integrar controles de seguridad en la entrega continua: requiere un cambio consciente en la forma en que los equipos diseñan, construyen y operan sistemas tecnológicos. Este capítulo ha demostrado que la educación en prácticas seguras, la aplicación de principios de diseño claro y mantenible, y el modelado sistemático de amenazas no solo fortalecen la postura de seguridad, sino que mejoran la calidad general del software, reducen la deuda técnica y habilitan un flujo de entrega confiable y sostenible.

La seguridad no debe ser un punto de control aislado, sino un atributo transversal que se extiende desde la escritura del código hasta la ejecución en producción, pasando por la infraestructura, los contenedores y la orquestación de servicios. Incorporar listas como OWASP Top Ten y MITRE CWE, diseñar APIs con límites bien definidos, aplicar autenticación multifactor y garantizar la inmutabilidad de objetos y contenedores son prácticas que elevan el estándar técnico de los productos digitales.

Para líderes y profesionales del sector TI que buscan implementar DevSecOps de forma efectiva, se recomienda:

1. **Invertir en formación continua** sobre diseño seguro, validación, control de acceso y buenas prácticas de codificación, para todo el equipo de desarrollo y operaciones.
2. **Establecer una arquitectura CI/CD tratada como producto**, con automatización, control de acceso granular y trazabilidad de cada acción dentro del pipeline.
3. **Incorporar herramientas de escaneo y pruebas de seguridad en cada fase del ciclo de vida**, integradas de forma no intrusiva en los repositorios y flujos existentes (GitLab, Bitbucket, Azure DevOps).
4. **Fomentar sesiones de modelado de amenazas colaborativas**, utilizando marcos como STRIDE y DFDs actualizados por los mismos ingenieros que diseñan y desarrollan las funcionalidades.
5. **Aplicar el principio de menor privilegio y diseñar autenticación centralizada**, especialmente en arquitecturas de microservicios desplegadas en contenedores.
6. **Evitar configuraciones manuales complejas o sobreingeniería**, que tienden a introducir vulnerabilidades difíciles de identificar y costosas de remediar.

La transformación hacia DevSecOps no ocurre por imposición, sino por convicción estratégica. Su valor no está solo en la protección frente a amenazas, sino en su capacidad para habilitar entregas más rápidas, confiables y alineadas con los objetivos del negocio. Para un arquitecto TI, liderar esta transformación implica orquestar decisiones técnicas y culturales que fortalezcan la seguridad desde el diseño, sin frenar la innovación. Esa es la verdadera esencia de DevSecOps.

10 REQUISITOS DE SEGURIDAD DESDE LA PERSPECTIVA DEVSECOPS

Incorporar la seguridad desde los primeros pasos del desarrollo no es solo una buena práctica: es una necesidad estratégica en entornos tecnológicos cada vez más complejos e interconectados. Este capítulo expone cómo integrar el modelado de amenazas como base para generar requisitos de seguridad eficaces desde la fase de levantamiento, permitiendo anticipar vulnerabilidades y priorizar mitigaciones. La cultura DevSecOps, centrada en la colaboración continua entre desarrollo, operaciones y seguridad, encuentra aquí una vía clara para fortalecer la protección de sistemas distribuidos —desde backends móviles hasta aplicaciones desplegadas en contenedores— sin obstaculizar la velocidad del delivery.

Se abordan marcos reconocidos como STRIDE, DREAD y PASTA, no como recetas, sino como catalizadores de pensamiento crítico frente a escenarios reales de riesgo. A través de esta visión, se promueve una evaluación racional de amenazas que puede integrarse perfectamente en pipelines CI/CD modernos, ya sea con Azure DevOps, Bitbucket o GitLab, contribuyendo a una postura de seguridad alineada con los objetivos del negocio. La experiencia práctica detrás de estas estrategias revela que la clave no está en eliminar todos los riesgos, sino en entenderlos para tomar decisiones informadas, escalables y sostenibles.

"Adoptar DevSecOps no solo reduce riesgos técnicos; también habilita a las organizaciones para responder ágilmente ante amenazas en constante evolución, integrando seguridad como parte esencial del flujo de trabajo" (NIST, 2022).

La integración de la seguridad en el ciclo de vida del desarrollo de sistemas es un imperativo estratégico, no una mera adición. El punto óptimo para incorporar controles de seguridad y consideraciones de riesgo se sitúa en la fase inicial de levantamiento de requisitos. Al hablar de desarrollo de sistemas, trascendemos la noción de un único paquete de software; nos referimos a ecosistemas complejos que abarcan múltiples componentes, desplegados tanto en máquinas virtuales como en entornos de contenedores virtuales. Esta complejidad inherentemente transforma el proceso en un desarrollo de sistemas integral, incluso cuando el objetivo primordial es la implementación y el acceso a aplicaciones. La perspectiva DevSecOps, en este contexto, aboga por una mentalidad de "seguridad por diseño" desde el inicio, asegurando que cada componente, desde su concepción hasta su despliegue, cumpla con estándares de seguridad rigurosos, mitigando vulnerabilidades antes de que se materialicen en la cadena de valor del software.

Frente a la seguridad en el desarrollo de sistemas, es común sentir una tendencia al alarmismo. Sin embargo, la estrategia más efectiva no radica en intentar resolver cada problema potencial, especialmente aquellos con una probabilidad de ocurrencia extremadamente baja. La recomendación es adherirse a las mejores prácticas en el endurecimiento de despliegues y la programación segura, complementado con un análisis racional de las amenazas persistentes. A pesar de seguir los protocolos más avanzados, siempre existirá una exposición inherente a ataques, dado que cualquier programa en ejecución puede ser susceptible de uso indebido. Esta realidad subraya la importancia de una cultura DevSecOps que promueva la resiliencia y la adaptabilidad. Proveedores tecnológicos líderes, como Microsoft, han adoptado el principio de "asumir una brecha" (assume breach), operando bajo la premisa de una intrusión ya ocurrida, lo que redirige el enfoque hacia la detección proactiva y la contención de su propagación. Este enfoque se alinea con las prácticas de seguridad continua en DevSecOps, donde la monitorización y la respuesta a incidentes son pilares fundamentales, integrándose con herramientas de gestión de pipelines como GitLab, GitHub, Bitbucket, Jenkins y Azure DevOps para automatizar la detección y respuesta.

Una metodología eficaz para elevar la calidad y la postura de seguridad general de cualquier proyecto de desarrollo de sistemas es iniciar con un ejercicio de modelado de amenazas (threat modeling). El propósito fundamental del modelado de amenazas es identificar las áreas susceptibles de ser explotadas por un adversario. Una vez identificadas, se pueden formular requisitos de seguridad específicos para eliminar o mitigar estas amenazas, minimizando el impacto potencial en caso de que se materialicen. Este proceso es crucial en un entorno DevSecOps, donde la anticipación y la prevención son clave. La integración del modelado de amenazas en las fases tempranas del ciclo de vida del desarrollo de software (SDLC) permite a los equipos de desarrollo y operaciones colaborar estrechamente para construir sistemas más seguros desde la base, en lugar de intentar parchear vulnerabilidades post-despliegue. Este capítulo detalla cómo derivar requisitos de seguridad, principalmente a través de la identificación estructurada de amenazas, lo que permite traducir sus mitigaciones en requisitos funcionales y no funcionales, garantizando que la seguridad sea un componente intrínseco del diseño y la implementación.

En el ámbito del desarrollo de software, el término "riesgo" a menudo se utiliza de manera imprecisa, confundiéndolo con la probabilidad de no cumplir con una fecha de entrega. Esta ambigüedad denota una comprensión deficiente del concepto de riesgo en la comunidad de tecnología de la información. Para clarificar, el riesgo se define como la exposición a una pérdida, directamente correlacionada con la probabilidad de que un evento adverso ocurra. Por ejemplo, al considerar el "riesgo de lluvia", solo se aborda la mitad de la ecuación (la probabilidad). La otra mitad es la "pérdida" asociada. Si un evento al aire libre con entradas pagadas y una inversión significativa se ve afectado por la lluvia, la pérdida implica reembolsos y la pérdida de la inversión. La combinación de una alta probabilidad de lluvia con una pérdida financiera sustancial configura un riesgo elevado. El cálculo preciso del riesgo requiere cuantificar la pérdida económica si el evento no puede reprogramarse. En el contexto DevSecOps, la gestión de riesgos se extiende a la identificación de vulnerabilidades en el código, la infraestructura y los procesos, evaluando su impacto potencial en la disponibilidad, integridad y confidencialidad de los sistemas.

Existen dos enfoques principales para la evaluación de riesgos:

1. **Evaluación Cuantitativa (preferida, pero más compleja de implementar):** Este método asigna valores numéricos a la probabilidad (ej., de 0 a 1) y a la pérdida (en unidades monetarias). Una fórmula común para expresar esto es la Pérdida Anual Esperada (ALE), calculada como la Tasa Anual de Ocurrencia (ARO) multiplicada por la Pérdida por Evento Único (SLE). El resultado es un valor numérico que facilita la comparación de riesgos entre distintos eventos, permitiendo una toma de decisiones basada en datos concretos. En DevSecOps, la cuantificación de riesgos puede informar las prioridades de remediación y la asignación de recursos.
2. **Evaluación Cualitativa (más común):** Este enfoque utiliza una estimación, asignando categorías como "Pequeño", "Mediano", "Grande" o "Extra Grande" tanto a la probabilidad como al impacto. Posteriormente, estas estimaciones se combinan para asignar un tamaño final al evento, lo que permite su comparación con otros riesgos. Aunque menos precisa que la cuantitativa, la evaluación cualitativa es útil para una clasificación rápida y para iniciar discusiones sobre la priorización de riesgos en equipos multifuncionales.

La comparación de riesgos entre eventos es fundamental debido a la limitación de recursos. No es factible abordar todos los riesgos simultáneamente; por lo tanto, es imperativo priorizar aquellos con mayor impacto potencial. Esto exige una evaluación racional y objetiva del riesgo, evitando la tendencia humana a la "catastrofización". A menudo, se asume que un evento con un alto impacto inherente también conlleva un alto riesgo, incluso si su probabilidad es extremadamente baja. Un ejemplo ilustrativo es volar en avión: aunque la imaginación pueda evocar escenarios traumáticos, la probabilidad real de un incidente es insignificante. En DevSecOps, esta racionalización del riesgo es vital para optimizar la inversión en seguridad, enfocándose en las amenazas más plausibles y de mayor impacto, y no dispersando esfuerzos en escenarios altamente improbables.

La evaluación exhaustiva de riesgos, que intenta analizar cada evento posible, incluidos los altamente improbables, puede resultar tediosa y poco eficiente. Dada la finitud de los recursos, la estrategia más racional es concentrarse en los eventos más probables. Visualizando una curva de campana, los eventos de alta probabilidad y bajo impacto se encuentran en un extremo, mientras que los de bajo impacto y alta probabilidad están en el otro. El enfoque debe centrarse en los eventos ubicados en el centro de la curva, ya que es donde es más probable que ocurran pérdidas significativas. Identificar estos eventos centrales se reduce a la identificación de amenazas. Sin embargo, nuestra imaginación es limitada, y tendemos a enfocarnos solo en amenazas de las que somos inmediatamente conscientes. Aquí es donde un marco estructurado para identificar amenazas se vuelve invaluable. Más adelante, exploraremos marcos comunes de modelado de amenazas, pero es crucial definir primero qué constituye una amenaza. Una amenaza es un evento negativo potencial que puede surgir de la explotación de una vulnerabilidad. Una vulnerabilidad, por extensión, es una debilidad en un sistema o pieza de software que puede ser activada. Es importante señalar que la explotación no siempre implica una acción maliciosa; errores o equivocaciones pueden generar problemas graves, como interrupciones prolongadas. Por ello, un marco para la identificación de amenazas es beneficioso.

Como se ha mencionado, existen diversos marcos de modelado de amenazas empleados en el desarrollo de sistemas y software. Aunque no son infalibles para determinar todas las amenazas, estos marcos son herramientas valiosas que ayudan a focalizar la atención en las preocupaciones más críticas. Una vez identificadas las amenazas, el siguiente paso es determinar las mitigaciones o eliminaciones adecuadas. Este proceso requiere práctica y un conocimiento profundo tanto de las amenazas como de las soluciones. Observaremos que algunos marcos son más adecuados que otros, dependiendo de cómo una organización aborda las amenazas, y la combinación de diferentes enfoques de modelado de amenazas puede ser más efectiva que el uso de uno solo. En el contexto DevSecOps, la elección del marco de modelado de amenazas debe alinearse con la madurez del equipo y la complejidad del sistema, integrándose con las herramientas de CI/CD para automatizar el análisis de seguridad.

Es fundamental comprender que el objetivo de un modelo de amenazas no es erradicar todas las amenazas. En cualquier sistema o aplicación de software que interactúa con usuarios, especialmente remotos, la eliminación total de amenazas es inalcanzable. El propósito es mejorar la comprensión de las interacciones dentro de sistemas complejos para identificar áreas donde se puede limitar el impacto o la probabilidad de materialización de una amenaza. Idealmente, se busca reducir el riesgo general derivado de estas amenazas a un nivel aceptable para la organización. A continuación, examinaremos tres marcos de modelado de amenazas ampliamente utilizados: STRIDE, DREAD y PASTA.

NOTA: Un elemento crucial del riesgo, a menudo omitido en las definiciones, es la necesidad de estar informado. Las organizaciones toman decisiones continuamente basándose en evaluaciones de riesgo. Una decisión no puede considerarse informada si el riesgo no se comprende o identifica claramente. Ignorar un riesgo, evaluar incorrectamente su probabilidad o impacto, o simplemente no evaluarlo, implica que la organización no ha tomado una decisión con pleno conocimiento de causa.

STRIDE

STRIDE, un modelo introducido por Microsoft en 1999, es un enfoque comúnmente utilizado para evaluar amenazas, particularmente en los procesos de desarrollo de software. Se basa en un conjunto de categorías de amenazas identificadas por sus creadores, formando el acrónimo STRIDE, que ayuda a identificar áreas problemáticas dentro de un sistema complejo:

- **Suplantación (Spoofing):** Un intento de una entidad de falsificar datos para hacerse pasar por otra, ya sea un usuario o un sistema (ej., una dirección IP). Afecta la confidencialidad o integridad. La protección se logra con autenticación robusta y verificación de datos. En DevSecOps, esto implica la implementación de autenticación multifactor y la gestión segura de identidades en todo el pipeline.
- **Manipulación (Tampering):** Ocurre cuando los datos son alterados, perdiendo su integridad. Se remedia con verificación fuerte usando técnicas como códigos de autenticación de mensajes. La integridad de los datos es fundamental en DevSecOps, asegurando que el código y los artefactos no sean modificados de forma no autorizada durante el ciclo de vida.

- **Repudio (Repudiation):** Cuando una entidad niega haber realizado una acción. Cualquier acción no asignable claramente a una entidad viola el no repudio. Requiere mecanismos de auditoría y registro inmutables, esenciales para la trazabilidad en entornos DevSecOps.
- **Divulgación de información (Information Disclosure):** Una violación de privacidad o fuga involuntaria de datos. El cifrado puede proteger, pero no es una solución perfecta sin una gestión de claves adecuada. En DevSecOps, la protección de datos sensibles se extiende a variables de entorno, secretos y configuraciones en los pipelines.
- **Denegación de servicio (Denial of Service):** Cuando una aplicación o servicio no está disponible para un usuario. No siempre se puede evitar, pero la resiliencia de las aplicaciones es un buen comienzo. La arquitectura de microservicios y la escalabilidad en la nube, gestionadas por herramientas como Kubernetes y orquestadores de contenedores, son clave en DevSecOps para mitigar este riesgo.
- **Elevación de privilegios (Elevation of Privilege):** Los atacantes que controlan un proceso buscan obtener privilegios elevados para hacer más en el sistema comprometido. Se protege utilizando el principio de menor privilegio, otorgando solo los permisos necesarios para tareas esenciales. En DevSecOps, esto se aplica a los permisos de usuarios, servicios y contenedores, así como a la segregación de funciones en los pipelines de CI/CD.

Comprender estas categorías orienta las acciones de modelado de amenazas. Microsoft ofrece la **Threat Modeling Tool**, que permite diagramar aplicaciones, definir interacciones entre componentes e implementaciones. La herramienta genera automáticamente un informe de amenazas siguiendo el modelo STRIDE, identificando amenazas como "Repudio de Datos Potencial por el Proceso del SO" o "Control de Acceso Débil". Una ventaja es que no solo identifica amenazas, sino que también proporciona medios para gestionarlas, ya sea rediseñando el sistema o documentando mitigaciones para reducir la probabilidad o el impacto. Esta herramienta se alinea con la automatización de la seguridad en DevSecOps, permitiendo una evaluación temprana y continua de la postura de seguridad.

DREAD

DREAD, aunque propuesto inicialmente como metodología de modelado de amenazas, funciona mejor para la evaluación de riesgos y puede complementarse con STRIDE. Una vez identificadas las amenazas, DREAD ayuda a clarificar los riesgos asociados. Una implementación cuantitativa asigna una calificación de 1 a 10 a cada categoría, resultando en un valor numérico por amenaza, lo que ayuda a derivar el riesgo. Sin embargo, este enfoque es subjetivo sin datos concretos o experiencia previa. En DevSecOps, la evaluación de riesgos DREAD puede integrarse en la toma de decisiones sobre la priorización de vulnerabilidades detectadas por herramientas de SAST/DAST.

DREAD es un acrónimo para las siguientes categorías:

- **Damage (Daño):** ¿Qué tan grave sería el daño si el evento ocurriera? En DevSecOps, esto considera el impacto en la disponibilidad, integridad y confidencialidad de los sistemas y datos.

- **Reproducibility (Reproducibilidad):** ¿Qué tan fácil es que ocurra este evento? Se refiere al esfuerzo o dificultad. La existencia de pruebas de concepto o exploits públicos aumenta la reproducibilidad. Esto informa la urgencia de la remediación en el pipeline.
- **Exploitability (Explotabilidad):** Aunque similar a la reproducibilidad, se diferencia en si un ataque puede reproducirse y qué tan explotable es. Un ataque puede ser fácil de reproducir, pero con resultados inconsistentes. La explotabilidad es baja si no todos los intentos dan acceso al sistema. Comprender esto ayuda a priorizar las mitigaciones.
- **Affected Users (Usuarios Afectados):** ¿Cuántos usuarios se verían afectados? También considera el tipo de usuario (ej., clientes vs. equipo de operaciones). En DevSecOps, esto implica evaluar el alcance del impacto en la base de usuarios y las operaciones internas.
- **Discoverability (Descubribilidad):** ¿Qué tan fácil es descubrir que el exploit es posible? Depende de la disponibilidad pública de detalles sobre la vulnerabilidad y el exploit. La baja descubribilidad no implica baja prioridad si el daño o la explotabilidad son altos.

La subjetividad puede ser un problema en estas categorías. Microsoft ya no usa DREAD, pero algunas de sus categorías son similares a las del **Sistema de Puntuación de Vulnerabilidades Comunes (CVSS)**, que genera una puntuación de severidad para vulnerabilidades conocidas, ayudando a decidir la urgencia de la remediación. DREAD puede usarse de manera similar, como un punto de datos adicional para determinar acciones sobre una amenaza identificada, y también para evaluar vulnerabilidades.

PASTA

PASTA es el Proceso para la Simulación de Ataques y Análisis de Amenazas. A diferencia de STRIDE, que es un modelo de amenazas, PASTA es un proceso estructurado para identificar amenazas y sus mitigaciones. Es un proceso de siete pasos que se alinea con la filosofía DevSecOps de integrar la seguridad en cada fase del ciclo de vida:

1. **Definir objetivos:** Es crucial definir claramente el problema antes de buscar una solución. Este paso delimita el alcance de la evaluación, permitiendo enfocarse en activos o fuentes de datos críticos y definir herramientas y métodos de prueba. En DevSecOps, esto se traduce en establecer los objetivos de seguridad y los indicadores clave de rendimiento (KPIs) para el pipeline.
2. **Definir el alcance técnico:** Los sistemas complejos tienen muchas dependencias. Es esencial limitar la investigación a una parte específica del sistema o a componentes bajo control directo, evitando profundizar en bibliotecas externas. Esto es vital para una gestión eficiente de recursos en un entorno de CI/CD.
3. **Descomposición y análisis de la aplicación:** Se profundiza en la composición de la aplicación o sistema, identificando componentes individuales y límites de confianza (ej., dónde los datos pasan de una zona no confiable a una confiable). Esto es similar a lo que se realiza con la Herramienta de Modelado de Amenazas de Microsoft y es fundamental para comprender los flujos de datos y las superficies de ataque en arquitecturas de microservicios y contenedores.

4. **Análisis de amenazas:** Basado en fuentes de inteligencia, se evalúan las amenazas conocidas. Esto incluye el uso de componentes con vulnerabilidades conocidas o la exposición a vulnerabilidades comunes debido a prácticas de desarrollo. En DevSecOps, esto se apoya en el análisis de composición de software (SCA) y las bases de datos de vulnerabilidades.
5. **Enumeración y modelado de ataques/exploits:** Se utiliza un árbol de ataque para modelar cómo podría desarrollarse un ataque y cómo operaría, con puntos de decisión y opciones. Un árbol de ataque permite diagramar el proceso y tomar decisiones sobre cómo manejar un ataque según el camino a través del modelo. Esto es una práctica proactiva en DevSecOps para visualizar y prevenir posibles vectores de ataque.
6. **Análisis del modelado y simulación:** Una vez creados los árboles de ataque, se simulan los ataques para entender su potencial de daño y determinar su probabilidad. Esto proporciona datos para la evaluación de riesgos. La simulación de ataques es una forma de "shift-left" en la seguridad, identificando debilidades antes del despliegue.
7. **Evaluación de riesgos e impacto:** Se evalúa el impacto de una ejecución exitosa del ataque y se determina el riesgo. Con base en los datos recopilados, se definen los controles para mitigar el riesgo del ataque potencial. Este paso cierra el ciclo de retroalimentación en DevSecOps, informando las mejoras en el código y la infraestructura.

PASTA es un enfoque muy detallado para la evaluación de amenazas, y no impide la integración de otros enfoques. Por ejemplo, se podría usar STRIDE durante la búsqueda de ataques y exploits para identificar lugares donde la divulgación de información es posible. También se podría usar DREAD durante la evaluación de riesgos e impacto para obtener una visión más amplia de los aspectos del ataque que pueden afectar al sistema. Esta flexibilidad es una ventaja en un entorno DevSecOps, donde la adaptabilidad y la combinación de herramientas y metodologías son clave.

Tabla 7 Integración de Seguridad y Requisitos en el Ciclo DevSecOps

Característica	Concepto Central	Atributos Clave	Relación con DevSecOps	Mejores Prácticas y Conexiones Relevantes
I. Paradigma y Enfoque	Seguridad Temprana / Shift Left Security	• Integración en fases iniciales. • Prevención sobre reacción. • Reducción de costos de remediación.	Posiciona la seguridad como un componente intrínseco del SDLC, moviendo las verificaciones de seguridad a la izquierda	• Modelado de Amenazas (STRIDE, PASTA) desde el diseño. • Análisis estático de código (SAST) en CI. • Formación en seguridad para desarrolladores. • OWASP SAMM (Security Assurance Maturity Model) fomenta la madurez en la seguridad temprana.

Característica	Concepto Central	Atributos Clave	Relación con DevSecOps	Mejores Prácticas y Conexiones Relevantes
			del ciclo, desde la concepción.	
II. Gestión de Riesgos	Riesgo	• Exposición a pérdida. • Probabilidad de evento adverso. • Cuantificable (ALE) o Cualitativo.	Requiere una comprensión precisa para la toma de decisiones informadas y la priorización de mitigaciones en un entorno de recursos limitados.	• Evaluación Cuantitativa/Cualitativa de riesgos. • Principio "Asumir Brecha" (Microsoft). • Alineación con NIST CSF (Cybersecurity Framework) para gestión de riesgos. • ISO 27005 para gestión de riesgo de seguridad de la información.
III. Identificación de Peligros	Amenaza	• Evento negativo potencial. • Explotación de vulnerabilidad. • Intencional o por error.	Reconocimiento de posibles vectores de ataque o fallos que impacten la disponibilidad, integridad y confidencialidad.	• Modelado de Amenazas (STRIDE, PASTA). • Inteligencia de amenazas. • Análisis de vulnerabilidades conocidas (CVEs). • CIS Controls (Critical Security Controls) para mitigar amenazas comunes.
IV. Debilidades de Seguridad	Vulnerabilidad	• Debilidad en sistema o software. • Puede ser explotada. • Necesita una amenaza para materializarse.	Identificación de fallos en el código, configuraciones o diseño que podrían ser aprovechad	• Escaneo de vulnerabilidades (DAST, SAST, SCA). • Pruebas de penetración. • Gestión de parches y actualizaciones. • OWASP Top 10 para las vulnerabilidades de aplicaciones web más críticas.

Característica	Concepto Central	Atributos Clave	Relación con DevSecOps	Mejores Prácticas y Conexiones Relevantes
			os por una amenaza.	
V. Modelos de Amenazas (Categorización)	STRIDE	• Spoofing (Suplantación). • Tampering (Manipulación). • Repudiation (Repudio). • Information Disclosure (Divulgación). • Denial of Service (Denegación de Servicio). • Elevation of Privilege (Elevación de Privilegios).	Marco estructurado para categorizar y analizar tipos de amenazas, facilitando la identificación sistemática de debilidades de seguridad.	• Aplicación durante el diseño arquitectónico y de código. • Herramientas automatizadas (ej., Microsoft Threat Modeling Tool). • Integración en fases de QA y revisiones de código.
VI. Modelos de Amenazas (Evaluación)	DREAD	• Damage (Daño). • Reproducibility (Reproducibilidad). • Exploitability (Explotabilidad). • Affected Users (Usuarios Afectados). • Discoverability (Descubribilidad).	Ayuda a evaluar el riesgo de amenazas identificadas, proporcionando una puntuación para priorizar la remediación.	• Complemento de STRIDE u otros modelos de identificación. • Integración con sistemas de gestión de vulnerabilidades (ej., CVSS). • Informa la priorización de tareas en los sprints de desarrollo.

Característica	Concepto Central	Atributos Clave	Relación con DevSecOps	Mejores Prácticas y Conexiones Relevantes
VII. Modelos de Amenazas (Proceso)	PASTA	• Proceso de 7 pasos (Definir objetivos, alcance, descomposición, análisis de amenazas, enumeración/modelado de ataques, simulación, evaluación de riesgos).	Proceso detallado y holístico para la simulación de ataques y análisis de amenazas, abarcando desde la estrategia hasta la implementación.	• Enfoque iterativo en el ciclo DevSecOps. • Uso de árboles de ataque para la visualización. • Permite la integración de otros frameworks (STRIDE, DREAD) en sus fases. • Compatible con marcos de arquitectura empresarial como TOGAF para el modelado de seguridad.
VIII. Integración de Pipelines	Gestión de Pipelines (CI/CD)	• Automatización de compilación, pruebas y despliegue. • Visibilidad y trazabilidad. • Orquestación de herramientas.	Plataformas esenciales para automatizar la integración de seguridad a lo largo del ciclo de desarrollo, desde el commit hasta la producción.	• GitLab CI/CD, GitHub Actions, Bitbucket Pipelines, Jenkins, Azure DevOps Pipeline. • Implementación de gates de seguridad automatizados. • Análisis continuo (SAST, DAST, SCA) en cada etapa del pipeline. • Despliegue seguro a contenedores (Kubernetes, Docker) con escaneo de imágenes.
IX. Cultura y Filosofía	Cultura DevSecOps	• Colaboración entre Desarrollo, Seguridad y Operaciones. • Responsabilidad compartida. • Automatización y mejora continua.	Fomenta una mentalidad de seguridad desde la concepción, integrando la seguridad como una responsabilidad colectiva y no un silo.	• Capacitación transversal en seguridad. • Métricas de seguridad transparentes. • Blame-free post-mortems. • Alineación con principios de ITIL para gestión de servicios y CMMI para mejora de procesos.

Característica	Concepto Central	Atributos Clave	Relación con DevSecOps	Mejores Prácticas y Conexiones Relevantes
X. Contenerización y Seguridad	Seguridad en Contenedores	• Aislamiento de procesos. • Inmutabilidad de imágenes. • Orquestación (Kubernetes).	La seguridad debe ser una consideración prioritaria, desde la construcción de imágenes hasta el despliegue y la ejecución en producción.	• Escaneo de imágenes en el pipeline (pre-despliegue). • Principio de mínimo privilegio para contenedores. • Monitorización en tiempo de ejecución. • Políticas de red de contenedores. • Uso de registries privados y seguros.

Conclusión del Capítulo: Estrategias DevSecOps para la Seguridad en el Desarrollo de Sistemas

La seguridad en el desarrollo de sistemas es un pilar fundamental que debe integrarse desde las fases más tempranas del ciclo de vida del software. Definir claramente el problema de seguridad es el primer paso crítico, ya que no se puede proteger eficazmente contra lo desconocido. En un entorno DevSecOps, esta definición se traduce en identificar proactivamente las amenazas, lo que a su vez permite diseñar mitigaciones efectivas y establecer requisitos de seguridad robustos.

La identificación de amenazas se beneficia enormemente de metodologías estructuradas. **STRIDE**, un modelo de Microsoft, clasifica las amenazas en seis categorías esenciales: Suplantación, Manipulación, Repudio, Divulgación de información, Denegación de servicio y Elevación de privilegios. Al evaluar un sistema o aplicación, es imperativo buscar puntos donde pueda introducirse un incidente en cualquiera de estas categorías, integrando esta búsqueda en los pipelines de CI/CD con herramientas de análisis estático y dinámico.

Para comprender el impacto de una amenaza identificada, **DREAD** ofrece un marco de evaluación de riesgos. Al examinar el Daño potencial, la Reproducibilidad del ataque, la Explotabilidad de la vulnerabilidad, el número de Usuarios Afectados y la Descubribilidad del exploit, se obtiene una visión más clara del riesgo general. Evaluar estos factores proporciona una comprensión más profunda de la probabilidad y la pérdida que podría resultar de la materialización de una amenaza, informando la priorización de las remediaciones en el backlog de seguridad.

Mientras que STRIDE proporciona un conjunto de categorías y DREAD un marco de evaluación, **PASTA** (Proceso para la Simulación de Ataques y Análisis de Amenazas) ofrece una metodología altamente estructurada. Este enfoque de siete pasos permite identificar amenazas y su impacto y probabilidad de manera sistemática. La implementación de PASTA requiere la descomposición de la aplicación, identificando zonas de confianza y cómo los datos fluyen entre los componentes. Una vez completado el proceso PASTA, se pueden seguir utilizando las categorías de STRIDE para la identificación de amenazas y DREAD para la evaluación de riesgos, creando un enfoque integral y adaptable que se alinea perfectamente con la cultura de seguridad continua y automatizada que caracteriza a DevSecOps. La gestión de estos procesos y la implementación de las mitigaciones se facilita enormemente a través de plataformas de gestión de pipelines como GitLab, GitHub, Bitbucket, Jenkins y Azure DevOps, que permiten la orquestación de herramientas de seguridad en cada etapa del ciclo de vida del desarrollo.

11 FORTALECIENDO LA SEGURIDAD EN EL CICLO DE VIDA DEL SOFTWARE

La integración efectiva de la seguridad en cada fase del desarrollo y las operaciones es crucial para mitigar riesgos y asegurar la continuidad del negocio en el panorama tecnológico actual. Este documento explora cómo la cultura DevSecOps transforma la manera en que abordamos la protección de nuestros activos digitales, particularmente en entornos contenerizados. Detallamos estrategias de implementación que incorporan herramientas y prácticas esenciales a lo largo de los pipelines CI/CD, utilizando plataformas líderes como Azure DevOps, Bitbucket y GitLab. Desde la procedencia y el escaneo de imágenes de contenedor hasta la configuración de redes seguras, este análisis proporciona una visión clara para construir ecosistemas de desarrollo más resilientes.

Estrategias de Seguridad en Contenedores para el Ciclo de Vida del Software

Este análisis aborda las **mejores prácticas de seguridad** aplicables a las fases de desarrollo y distribución dentro de los **pipelines CI/CD**. Cubrimos de manera exhaustiva las amenazas inherentes a las imágenes de contenedor y al software que reside en ellas, así como las consideraciones críticas para el almacenamiento seguro de estas imágenes. La perspectiva se extiende al despliegue, donde nos concentramos en la seguridad de la red y el almacenamiento del contenedor, para luego, durante la ejecución, analizar las interacciones dinámicas entre contenedores, el orquestador, el sistema operativo anfitrión y otros contenedores coexistentes en el mismo host. Este enfoque integral es fundamental para una **cultura DevSecOps** efectiva, donde la seguridad se integra desde el diseño hasta la operación, no como una fase posterior.

La Imagen del Contenedor: Cimiento de la Seguridad

Una imagen de contenedor representa la plantilla inmutable que guía la creación de un entorno de ejecución aislado para una aplicación. Compuesta por múltiples capas de archivos y componentes, su propósito es encapsular y ejecutar una aplicación de forma independiente del sistema operativo subyacente. La seguridad de un contenedor está intrínsecamente ligada tanto a la integridad de su imagen base como a las opciones de configuración aplicadas durante su construcción. Cualquier vulnerabilidad presente en estas capas, desde el sistema operativo hasta las bibliotecas de la aplicación, introduce riesgos que deben ser abordados de forma proactiva, priorizando la detección temprana de anomalías en el ciclo de desarrollo.

Origen y Confianza de las Imágenes de Contenedor

La facilidad con la que se pueden obtener imágenes de contenedor de fuentes públicas como **Docker Hub** o **GitHub** es una ventaja para la agilidad de desarrollo. Un simple comando docker pull image-latest puede acelerar significativamente los tiempos de codificación. Sin embargo, esta conveniencia conlleva riesgos de seguridad importantes. Las imágenes públicas pueden contener componentes desactualizados o configuraciones con fallos que expongan la aplicación a brechas de seguridad. Si bien plataformas como Docker Hub permiten filtrar por imágenes oficiales o verificadas, los requisitos de seguridad empresarial a menudo superan estas garantías, demandando un escrutinio más riguroso de la procedencia. La **procedencia** en el contexto de artefactos digitales, análoga a su uso en el arte para validar autenticidad y cadena de custodia, es esencial para establecer la fiabilidad y mitigar riesgos asociados a ataques sofisticados (APT), que explotan vulnerabilidades de día cero de forma sigilosa (Chen et al., 2008).

Escaneo y Detección de Vulnerabilidades en Imágenes

Una vez seleccionada una imagen de una fuente confiable, el siguiente paso crítico en un pipeline **DevSecOps** es la identificación de vulnerabilidades conocidas. Los **escáneres de vulnerabilidades** analizan el contenido de la imagen de contenedor, contrastándolo con bases de datos de Vulnerabilidades y Exposiciones Comunes (CVE) y aplicando estándares de buenas prácticas, como el **CIS Docker Benchmark**. Muchas organizaciones integran escáneres en sus **kits de desarrollo de software (SDK)**, permitiendo a los desarrolladores detectar y corregir fallas en sus imágenes antes de subirlas a sistemas de control de versiones como **Bitbucket** o **GitLab**. Además, diversos **registros de contenedores privados SaaS** ya incorporan funcionalidades de escaneo, ofreciendo una capa de seguridad integrada. Herramientas como **Snyk** (integrado con Docker desde 2020) facilitan el escaneo y la obtención de informes detallados, incluyendo sugerencias para la remediación de vulnerabilidades al usar --file y --severity-threshold.

Al trabajar con **Dockerfiles**, que especifican la construcción de imágenes a partir de bases, es posible excluir la capa base del escaneo con --exclude-base si su seguridad está garantizada. Múltiples escáneres, como **Trivy** de Aqua Security, complementan estas capacidades, realizando análisis estáticos no solo en imágenes, sino también en sistemas de archivos y repositorios Git. La integración de estos escáneres en plataformas CI/CD como **GitHub Actions**, **Azure DevOps Pipelines**, o **Jenkins** es una práctica recomendada. Por ejemplo, una acción de GitHub puede invocar Grype de Anchore para escanear una imagen recién construida, permitiendo configurar la canalización para detenerse si se detectan vulnerabilidades de severidad alta, promoviendo así el concepto de "Shift Left" en seguridad. La comparación entre imágenes base como Debian y Alpine demuestra que las imágenes más ligeras, como Alpine, suelen presentar una superficie de ataque reducida y, por ende, menos vulnerabilidades reportadas.

Optimización de Imágenes: Minimalismo y Contenedores Sin Root

Para mitigar riesgos, es fundamental optar por **imágenes mínimas o slim**, que reducen la superficie de ataque al incluir solo los paquetes y bibliotecas esenciales. Las imágenes buster-slim de Debian o alpine son ejemplos de esta práctica, si bien aún contienen herramientas como gestores de paquetes y shells necesarios durante la fase de construcción, los cuales podrían ser explotados. Un nivel de seguridad superior se logra con las **imágenes distroless** de Google, las cuales eliminan por completo shells y gestores de paquetes, restringiendo el contenido del contenedor a lo estrictamente necesario para la ejecución de la aplicación. Esto dificulta la interacción interactiva con el contenedor una vez en ejecución, cerrando una vía común de entrada para atacantes. Es fundamental que las imágenes distroless sean verificadas con herramientas de firma como cosign para asegurar su autenticidad y que el ENTRYPOINT del Dockerfile se defina como un vector para evitar la inserción de un shell por defecto (Moore, n.d.).

Cuando las políticas de seguridad lo exigen, las organizaciones pueden construir sus propias **imágenes base desde cero** utilizando la imagen scratch de Docker. Esta imagen vacía requiere que los ejecutables sean autocontenidos y compilados estáticamente, limitando aún más la exposición a componentes innecesarios. Sin embargo, no permite la ejecución de comandos arbitrarios ni la interacción con un shell a menos que se añada explícitamente, lo que aumenta la seguridad, pero también la complejidad de gestión (Rice, n.d.).

Un principio fundamental en seguridad es el de **menor privilegio**. Los **contenedores sin root (rootless containers)**, disponibles en Docker desde la versión v19.03, ejecutan las aplicaciones dentro del contenedor bajo un usuario sin privilegios, distinto del usuario root del host. Esto es crucial porque un atacante que obtenga privilegios de root dentro de un contenedor en un entorno privilegiado también tendría control sobre el sistema operativo anfitrión, rompiendo el aislamiento. Al asignar la propiedad de los archivos a un usuario sin privilegios y ejecutar el contenedor bajo ese ID de usuario, se restringe la capacidad de instalar nuevos paquetes o modificar el sistema, lo que hace que estos contenedores sean altamente recomendados para entornos de producción, aunque puedan presentar ciertas limitaciones para los desarrolladores durante las fases de depuración.

Seguridad en Capas y Automatización de la Construcción

Más allá de la imagen base, las **capas intermedias** donde se añade el código de la aplicación y sus dependencias son igualmente susceptibles a vulnerabilidades y configuraciones incorrectas. Es crucial monitorear cuidadosamente cada instrucción en el Dockerfile, especialmente los comandos COPY, ADD, y RUN. Permisos laxos, como chmod -R 777, son un error de seguridad grave y deben evitarse. Las **construcciones multietapa (Multistage Builds)** son una práctica de DevOps que optimiza la seguridad y el tamaño de las imágenes al permitir la definición de múltiples fases de construcción dentro de un único Dockerfile. Esto posibilita que solo los artefactos finales y esenciales sean copiados a la imagen de producción, eliminando herramientas de construcción, código fuente y dependencias innecesarias que podrían ser explotadas.

La **prevención de fugas de datos sensibles** es vital. Los **Dockerfiles** no deben contener contraseñas o tokens de API codificados, ya que herramientas como skopeo o docker history pueden exponer estas credenciales incluso si se pasan como variables durante la construcción. La solución es emplear **gestores de secretos** especializados como **Vault** o **AWS Secrets Manager**, que ofrecen funcionalidades avanzadas como auditoría de acceso, control de versiones y políticas de replicación, garantizando una gestión segura de datos sensibles.

La calidad del Dockerfile es un factor de seguridad. Integrar **linters de Dockerfile** como hadolint en el entorno de desarrollo (IDE) y en el pipeline CI/CD (**Azure DevOps**, **GitLab CI/CD**, **Jenkins**) es una práctica estándar. Estas herramientas validan el Dockerfile contra las mejores prácticas de Docker, identificando configuraciones inseguras y asegurando que solo se utilicen imágenes base de registros de contenedores aprobados por la organización (--trusted-registry). Esto refuerza la **seguridad como código**, donde las políticas de seguridad se aplican de forma programática. Además, la **protección del Dockerfile** implica someter sus cambios a revisiones de código y pruebas automatizadas antes de la aprobación, evitando que una vulnerabilidad se propague a través de la cadena de suministro de software.

Registros de Contenedores: Hubs Centralizados y Fortificados

Cuando se ejecuta un comando docker pull <nombre_imagen>, la **CLI de Docker** primero busca la imagen localmente; si no la encuentra, recurre a **Docker Hub**, el repositorio público predeterminado. Un **registro de contenedores** es un repositorio centralizado para almacenar y gestionar imágenes y sus diversas versiones etiquetadas. Si bien los registros públicos son convenientes para proyectos de código abierto y equipos pequeños, las organizaciones con requisitos de seguridad y cumplimiento normativo más estrictos optan por **registros de contenedores privados**. Estos pueden ser alojados localmente o como servicios en la nube (ej. **Azure Container Registry**, **Amazon Elastic Container Registry**, **Google Container Registry**), permitiendo a las empresas almacenar imágenes aprobadas por seguridad y sus propias imágenes base corporativas (Zhang, n.d.). **GitLab** y **GitHub** también ofrecen registros privados integrados.

La elección de un registro privado es una decisión estratégica que debe considerar la compatibilidad del mecanismo de autenticación con los estándares de la organización, la granularidad de los permisos de acceso (subida/descarga de imágenes) y la capacidad de establecer múltiples registros para desarrollo y producción.

Escaneo Continuo y Gobernanza en el Registro

En un flujo de trabajo DevSecOps, un *commit* al sistema de control de versiones (**GitLab**, **GitHub**, **Bitbucket**) debe disparar la construcción de una nueva imagen de contenedor. Si la construcción es exitosa y cumple con los requisitos de escaneo inicial, la imagen se envía al registro. Registros como **Harbor** integran escáneres de vulnerabilidades y funcionalidades de **seguridad de despliegue**, previniendo la descarga de artefactos si se detectan nuevas vulnerabilidades. Estos sistemas también permiten la creación de **listas blancas de CVE (CVE allowlists)** para ignorar vulnerabilidades específicas. Un control de admisión adicional puede configurarse para aceptar solo imágenes firmadas digitalmente por los equipos de desarrollo, pruebas y seguridad, y evitar el despliegue de imágenes no firmadas en producción. El **escaneo periódico** de imágenes en el registro es vital, ya que pueden descubrirse nuevas vulnerabilidades en componentes previamente considerados seguros.

La **gobernanza de etiquetas** en los registros de contenedores es otro aspecto crítico. Las etiquetas mutables, como latest, pueden introducir problemas de **"Tiempo de verificación vs. Tiempo de uso (TOCTOU)"**, donde una imagen etiquetada como segura podría ser sobrescrita con una versión vulnerable sin que el sistema de despliegue lo detecte inmediatamente. Para mitigar esto, se recomienda descargar imágenes utilizando su *digest* (hash) en lugar de la etiqueta, habilitar la inmutabilidad de etiquetas en el registro de contenedores, o utilizar controladores de admisión en el orquestador de contenedores para prevenir el despliegue de imágenes específicas que no cumplan con las políticas de seguridad.

Seguridad de Red en Contenedores: Aislamiento y Control

La **seguridad de red para contenedores** es un pilar fundamental. En entornos con contenedores independientes, el *daemon* de Docker gestiona la configuración de red, incluyendo la asignación de direcciones IP dinámicas. El **controlador de red bridge** de Docker permite la comunicación entre contenedores en la misma red y expone servicios a la red del host, facilitando el reenvío de tráfico entre capas. Esto significa que un servicio Nginx expuesto en el puerto 80 del contenedor, mapeado al puerto 80 del host, estará accesible a cualquier red conectada al host, incluyendo Internet, a menos que existan políticas de firewall perimetrales.

Para aislar contenedores, se pueden crear **redes personalizadas** con el mismo controlador bridge, impidiendo la comunicación directa entre contenedores en redes diferentes. El **controlador none** aísla completamente el contenedor de cualquier red, mientras que el mapeo a 127.0.0.1 restringe el acceso a localhost. La **red host** es especialmente crítica, ya que elimina el aislamiento de red entre el contenedor y el anfitrión, exponiendo directamente todos los puertos del contenedor a la red del host, lo que es conveniente para pruebas, pero altamente riesgoso en producción. Es esencial implementar políticas de **iptables** para hosts Docker expuestos a Internet para evitar accesos no autorizados. Docker configura sus propias cadenas de iptables, DOCKER-USER y DOCKER, que deben ser consideradas al definir políticas. Los puertos expuestos innecesariamente son una vulnerabilidad recurrente en pruebas de penetración y deben ser gestionados con rigurosidad. La mayoría de la seguridad de red en contenedores modernos se realiza mediante herramientas de **capa 7** y políticas de protección en tiempo de ejecución.

Tabla 8 Integración de Seguridad en Pipelines de Contenedores con Enfoque DevSecOps

Concepto Clave DevSecOps	Acciones Concretas y Comandos	Impacto en la Seguridad y el Desarrollo	Frameworks de TI Relevantes
Integración Continua de Seguridad (CI Security)	• Escaneo de Vulnerabilidades de Imágenes: docker scan myimage docker scan debian --file=./Dockerfile --severity-threshold=high trivy image --severity=HIGH nginx • Análisis de Composición de Software (SCA) y SBOM: Uso de herramientas como Grype y Syft para generar SBOMs. Ejemplo en GitHub Actions: uses: anchore/scan-action@v2 with: image: "myimage" • Análisis Estático de Código (SAST) en Dockerfiles: docker run --rm -i hadolint/hadolint < Dockerfile hadolint --trusted-registry my-company.com:500 < Dockerfile	Shift Left Security: Detecta vulnerabilidades y errores de configuración en las primeras etapas del SDLC, reduciendo costos y esfuerzos de remediación. Asegura que el código y las dependencias sean analizados desde su origen. Mejora la calidad y la seguridad del código base antes de que se propague por el pipeline.	OWASP SAMM (Prácticas de Secure Build y Security Testing), NIST SP 800-190 (Container Security), CIS Controls (Control 4: Secure Configuration of Enterprise Assets and Software).

Concepto Clave DevSecOps	Acciones Concretas y Comandos	Impacto en la Seguridad y el Desarrollo	Frameworks de TI Relevantes
Gestión de la Cadena de Suministro de Software (SSCS)	• Validación de Procedencia de Imágenes: Priorizar imágenes oficiales o de editores verificados en Docker Hub. Implementar políticas organizacionales para el uso de imágenes base internas. • Firma de Imágenes y Verificación: cosign verify -key cosign.pub $IMAGE_NAME • Uso de Registros Privados de Contenedores: Configuración en Azure Container Registry, Amazon ECR, Google Container Registry, Harbor, GitLab Registry, GitHub Packages.	Garantiza la integridad y autenticidad de los componentes utilizados. Reduce el riesgo de introducir vulnerabilidades a través de dependencias de terceros o imágenes comprometidas. Establece un control riguroso sobre los artefactos que ingresan al ecosistema de desarrollo y producción.	NIST Cybersecurity Framework (Función Proteger), Supply Chain Risk Management (SCRM).

Concepto Clave DevSecOps	Acciones Concretas y Comandos	Impacto en la Seguridad y el Desarrollo	Frameworks de TI Relevantes
Automatización de Seguridad en Pipelines (DevOps Pipelines con Seguridad Integrada)	• Incorporación de Escaneos en CI/CD: Configuración de trabajos en Jenkins, Azure DevOps Pipelines, GitLab CI/CD, GitHub Actions, Bitbucket Pipelines para ejecutar escaneos automáticamente tras cada commit o merge. • Construcciones Multietapa (Multistage Builds): Definición en Dockerfiles para reducir la superficie de ataque de las imágenes finales. Ejemplo: FROM golang as builder / FROM gcr.io/distroless/base-debian10 • Gestión Segura de Credenciales: Uso de gestores de secretos como HashiCorp Vault o AWS Secrets Manager para inyectar credenciales de forma segura durante la construcción y el despliegue.	Agiliza la detección y corrección de vulnerabilidades. Fomenta la iteración rápida y la retroalimentación temprana a los equipos de desarrollo. Asegura que las imágenes de producción sean mínimas y no contengan información sensible. Mejora la eficiencia operativa al automatizar los controles de seguridad.	DevSecOps Frameworks (Integración de Seguridad en CI/CD), CMMI (Nivel 5: Optimizado, con mejoras continuas en los procesos de seguridad), ITIL 4 (Prácticas de despliegue y liberación).

Concepto Clave DevSecOps	Acciones Concretas y Comandos	Impacto en la Seguridad y el Desarrollo	Frameworks de TI Relevantes
Seguridad en Tiempo de Ejecución y Despliegue	• Imágenes Mínimas y Distroless: Ej: FROM debian:buster-slim, docker pull nginx:alpine, docker pull gcr.io/distroless/base-debian10 • Contenedores sin Root (Rootless Containers): Configuración de usuarios no privilegiados en Dockerfile. Ejemplo: RUN chown 1000:1000 /app / USER 1000 docker run -ti --user 1000 my-image:latest /bin/sh • Configuración de Red Segura: Creación de redes aisladas: docker network create --driver bridge LearningDevSecOps Restricción de puertos: docker run -it --name containerA -p 127.0.0.1:80:80 nginx Conocimiento de iptables y cadenas DOCKER-USER, DOCKER.	Reduce la superficie de ataque y el potencial de escalada de privilegios en caso de compromiso. Mejora el aislamiento entre contenedores y el host. Previene la introducción de imágenes vulnerables o no autorizadas en entornos de producción, mitigando el riesgo de "Tiempo de verificación vs Tiempo de uso (TOCTOU)".	CIS Docker Benchmark (Secciones 4 y 5), NIST SP 800-190, OWASP SAMM (Práctica de Secure Deployment), COBIT 2019 (Alineación con objetivos de seguridad y gestión de riesgos).

Concepto Clave DevSecOps	Acciones Concretas y Comandos	Impacto en la Seguridad y el Desarrollo	Frameworks de TI Relevantes
	• Inmutabilidad de Etiquetas y Control de Admisión: Descarga por digest (docker images --digests), habilitar inmutabilidad en el registro.		

Concepto Clave DevSecOps	Acciones Concretas y Comandos	Impacto en la Seguridad y el Desarrollo	Frameworks de TI Relevantes
Gobernanza y Monitoreo Continuo de la Seguridad	• Escaneo Periódico de Imágenes en Registro: Implementar escaneos programados en registros privados para detectar nuevas vulnerabilidades. • Gestión de Listas Blancas de CVE: CVE allowlists en registros como Harbor para una gestión controlada de excepciones. • Auditoría y Trazabilidad: Utilizar las capacidades de auditoría de los gestores de secretos y registros de contenedores para rastrear accesos y cambios.	Asegura la postura de seguridad a lo largo del tiempo, incluso ante el descubrimiento de nuevas vulnerabilidades. Permite una gestión de riesgos adaptativa y basada en criterios claros. Proporciona visibilidad y rendición de cuentas sobre la gestión de seguridad, esencial para el cumplimiento normativo y la mejora continua.	COBIT 2019 (Monitorizar, Evaluar y Valorar), NIST Cybersecurity Framework (Función Detectar y Responder), ITIL 4 (Práctica de monitoreo y eventos).

Conclusión del Capítulo: Habilitando la Seguridad en el Ecosistema Contenerizado

Este capítulo ha destacado que la **seguridad en contenedores** trasciende la mera aplicación de herramientas; es una disciplina que exige una integración fundamental a lo largo de todo el ciclo de vida de desarrollo y despliegue del software. Hemos desglosado las prácticas esenciales, desde la validación de la **procedencia de las imágenes** y el escaneo continuo de vulnerabilidades, hasta la optimización de las **imágenes base** con enfoques minimalistas y *distroless*, y la implementación de configuraciones de red rigurosas. La atención a los detalles en cada capa del contenedor, así como la gestión segura de las credenciales, emergen como prioridades ineludibles para cualquier organización tecnológica.

La **cultura DevSecOps** se manifiesta como el catalizador indispensable para esta transformación. No se trata solo de adoptar nuevas herramientas, sino de fomentar una **mentalidad colectiva** donde la seguridad es una responsabilidad compartida, inherente a cada etapa del proceso. Esto implica una colaboración estrecha entre los equipos de desarrollo, operaciones y seguridad, eliminando los silos tradicionales y acelerando la detección y remediación de riesgos. La automatización de los controles de seguridad en los **pipelines CI/CD** es, por tanto, una manifestación clave de esta cultura, permitiendo que las validaciones de seguridad se ejecuten de forma temprana y frecuente, reduciendo la exposición y el costo de las brechas.

Recomendaciones Prácticas para Líderes y Profesionales TI

Para liderar una **adopción e implementación efectiva de DevSecOps** en el contexto de contenedores, sugiero las siguientes acciones estratégicas:

1. **Fomentar la Proactividad en Seguridad:** Invierta en la capacitación de sus equipos en prácticas de seguridad desde las primeras etapas del desarrollo. Esto incluye la educación sobre la selección de imágenes base confiables, la construcción de Dockerfiles optimizados y la comprensión de los principios de menor privilegio. La seguridad debe ser parte del diseño, no un añadido.
2. **Automatizar Controles a lo Largo del Pipeline:** Integre escáneres de vulnerabilidades, linters de Dockerfiles y herramientas de gestión de secretos directamente en sus pipelines CI/CD. Asegúrese de que las validaciones de seguridad sean pasos obligatorios antes de cualquier despliegue a entornos de producción. Esto minimiza el riesgo manual y garantiza la consistencia.
3. **Implementar una Estrategia de Registros de Contenedores Privados:** Establezca y mantenga registros de contenedores privados que permitan un control riguroso sobre las imágenes utilizadas. Implemente políticas de inmutabilidad de etiquetas y la firma de imágenes para garantizar la autenticidad y la integridad de los artefactos. Considere la segmentación de registros para entornos de desarrollo y producción.
4. **Priorizar la Seguridad en Tiempo de Ejecución:** No limite la seguridad a las fases de construcción y despliegue. Explore e implemente soluciones de seguridad en tiempo de ejecución para monitorear y proteger los contenedores en operación. Esto es crucial para detectar y mitigar amenazas que puedan eludir los controles previos.
5. **Promover la Mejora Continua:** Revise periódicamente sus políticas y herramientas de seguridad en contenedores. El panorama de amenazas evoluciona constantemente, y sus defensas deben hacerlo también. Fomente una cultura de aprendizaje y adaptación, donde los incidentes de seguridad sean oportunidades para mejorar procesos.

Al adoptar estas recomendaciones, los líderes y profesionales de TI no solo mejorarán significativamente la postura de seguridad de sus sistemas contenerizados, sino que también impulsarán una **cultura de innovación segura** que es esencial para el éxito en el entorno tecnológico actual.

12 CASOS DE ESTUDIO

En los últimos años, Colombia ha experimentado un proceso acelerado de transformación digital en diversos sectores estratégicos. Factores como el auge del comercio electrónico, la digitalización de los servicios financieros y de salud, y los nuevos retos en ciberseguridad han llevado a las organizaciones a repensar sus modelos de desarrollo y operación tecnológica. En este contexto, **DevSecOps** ha emergido como un enfoque clave para garantizar la **entrega ágil, segura y confiable** de productos digitales.

DevSecOps integra la **seguridad como una responsabilidad compartida** desde las primeras fases del ciclo de vida del software. En lugar de tratar la seguridad como una etapa posterior o aislada, este enfoque promueve su automatización, estandarización y colaboración constante entre equipos de desarrollo, operaciones y ciberseguridad. En Colombia, esta filosofía ha generado resultados notables en distintos sectores, no solo en términos de mitigación de riesgos, sino también en **eficiencia operativa, innovación tecnológica y mejora en la experiencia del usuario**.

A través del análisis de cinco casos representativos —Bancolombia, Ingenio Providencia, Ejército Nacional, Fundación Santa Fe de Bogotá y Coordinadora Mercantil— se identifican patrones comunes que reflejan el valor de DevSecOps como **habilitador de competitividad y transformación digital**, aún en entornos altamente regulados o de infraestructura crítica.

Valor Generado por DevSecOps en Colombia

1. Aceleración del ciclo de entrega:

Organizaciones como Bancolombia y Coordinadora lograron reducir significativamente sus tiempos de despliegue, pasando de ciclos mensuales o semestrales a entregas continuas semanales o incluso diarias.

2. Reducción de vulnerabilidades y errores humanos:

Con la integración de pruebas automáticas de seguridad (SAST, DAST, escaneo de dependencias), instituciones como la Fundación Santa Fe detectaron vulnerabilidades críticas en fases tempranas, reduciendo los costos asociados a fallos en producción.

3. Estandarización y automatización

El uso de pipelines CI/CD seguros permitió a entidades como el Ejército Nacional escalar operaciones bajo un modelo replicable, con evidencias auditables y cumplimiento de normativas.

4. Colaboración y cambio cultural

En todos los casos se observó un cambio en la mentalidad: la seguridad dejó de ser un obstáculo para convertirse en un facilitador de negocio. Esto se logró gracias a prácticas como *security as code*, revisión colaborativa de historias de usuario y educación continua en ciberseguridad.

5. Mejora de la resiliencia operativa

Especialmente en los sectores logístico y agrícola, el monitoreo proactivo y la detección en tiempo real de anomalías (observabilidad, Falco, Prometheus) se tradujeron en menor impacto ante incidentes operativos y mayor disponibilidad de servicios críticos.

Casos de Sectores Industriales

Caso 1: Sector Bancario

Desafío Principal:

Un Banco Comercial enfrentaba crecientes desafíos de seguridad debido a la acelerada transformación digital del sector financiero, la presión competitiva de las fintechs y el crecimiento del uso de canales digitales. La necesidad de cumplir con normativas estrictas y ofrecer servicios seguros en tiempo real impulsó la adopción de DevSecOps.

Estrategias y herramientas implementadas:

- Integración de **pipelines CI/CD en Azure DevOps** con controles automatizados de calidad y seguridad del código.
- **Implementación de escaneo de vulnerabilidades** automatizado en el pipeline con herramientas como SonarQube, Checkmarx y Fortify.
- Uso de **contenedores Docker y Kubernetes** para la orquestación de microservicios bancarios.
- Establecimiento de **centros de excelencia en DevOps** y **formación transversal en seguridad para desarrolladores**.

- Incorporación de **automatización de pruebas de seguridad (DAST y SAST)** y **revisiones de cumplimiento normativo** en etapas tempranas del ciclo de vida.

Resultados:

- Reducción en más del **35% del tiempo promedio de entrega** de productos digitales.
- Mejora significativa en la **detención temprana de vulnerabilidades**.
- Fortalecimiento de la cultura organizacional basada en **seguridad como responsabilidad compartida**.
- Posicionamiento como uno de los bancos más innovadores de América Latina en transformación digital.

Caso 2: Sector Agrícola

Desafío Principal:

El Ingenio Cañero, una de las empresas agroindustriales más importantes de Colombia, requería modernizar sus sistemas de monitoreo y control de producción para hacer frente a amenazas cibernéticas crecientes en infraestructura crítica y aumentar la eficiencia operativa de sus procesos industriales.

Estrategias y herramientas implementadas:

- Migración de sistemas legados a una arquitectura basada en **microservicios** y contenedores con Docker y Kubernetes.
- Adopción de **DevSecOps en la planta tecnológica**, incorporando pruebas automatizadas de seguridad en GitLab CI/CD.
- Implementación de **automatización de políticas de acceso y validación de firmware industrial**, junto con segmentación de redes OT/IT.
- Integración de herramientas como **Trivy, GitGuardian y OWASP ZAP** en el pipeline.
- Colaboración entre desarrolladores, ingenieros OT y equipos de ciberseguridad.

Resultados:

- Aumento del **98% en disponibilidad de servicios críticos** de monitoreo de producción.
- Reducción de más del **40% en fallas operativas causadas por errores humanos o brechas de seguridad**.
- Transformación del área de tecnología de soporte en un **habilitador de innovación agrícola sostenible**.
- Primer ingenio en Colombia en obtener certificación interna de resiliencia digital.

Caso 3: Sector Militar

Desafío Principal:

La mas antigua fuerza milizar nacional enfrentaba la necesidad de modernizar sus plataformas tecnológicas, mejorar la seguridad de la información clasificada y acelerar el desarrollo de sistemas de comando y control para misiones estratégicas, bajo estrictos requisitos de confidencialidad, disponibilidad y trazabilidad.

Estrategias y herramientas implementadas:

- Desarrollo de una **arquitectura DevSecOps interna**, con pipelines automatizados y entornos desacoplados en nubes híbridas (Azure y entornos cerrados).
- Implementación de un **modelo tipo "Security as Code"**, con validación de configuración segura y escaneo de dependencias en tiempo real.
- Uso de herramientas como **Ansible para hardening de infraestructura**, GitLab para repositorios y pipelines CI/CD, e integración con herramientas como **OpenSCAP, Clair y Anchore**.
- Entrenamiento especializado en **modelado de amenazas STRIDE** y gestión de riesgos adaptativa.

Resultados:

- Disminución del tiempo de entrega de nuevas funcionalidades en sistemas críticos de **6 meses a menos de 3 semanas**.
- Reducción significativa de **vectores de ataque internos y externos** identificados en auditorías.
- Reconocimiento por parte del Ministerio de Defensa como **líder en adopción segura de nuevas tecnologías en el sector público**.
- Establecimiento de un marco de referencia DevSecOps para otros organismos de seguridad nacional.

Caso 4: Sector Salud

Desafío Principal:

La Fundación Capitalina, una de las instituciones médicas más reconocidas del país, enfrentaba la necesidad de digitalizar sus servicios médicos y administrativos sin comprometer la **confidencialidad de la información clínica** ni la **interoperabilidad con otras entidades del sistema de salud**. El cumplimiento de normativas como la **Ley 1581 de protección de datos** fue un motor clave para adoptar DevSecOps.

Estrategias y herramientas implementadas:

- Adopción de una **arquitectura basada en APIs seguras** con control de acceso granular.
- Integración de pipelines en **Bitbucket CI/CD** con escaneo automático de vulnerabilidades (SAST y DAST).
- Uso de herramientas como **Vault de HashiCorp** para la **gestión segura de secretos** y tokens de autenticación.
- Automatización de pruebas en entornos aislados de staging antes de pasar a producción.
- Implementación de prácticas de "*shift-left security*" en todas las etapas del SDLC, incluyendo revisión manual de código crítico y auditorías periódicas.

Resultados:

- Cumplimiento completo con estándares de **HL7** y **normativas de protección de datos en salud**.
- Reducción en un **50% del tiempo de liberación de nuevas funcionalidades** para portales médicos y apps de pacientes.
- Detección anticipada de más del **70% de vulnerabilidades de código** durante etapas tempranas.
- Mejora en la **confianza digital de los usuarios**, reflejado en el incremento del uso de canales virtuales y autoatención.

Caso 5: Sector Logístico

Desafío Principal:

Con el auge del comercio electrónico en Colombia, La empresa privada de logística enfrentó retos en la **integración de sistemas legados**, trazabilidad de envíos en tiempo real y la necesidad de asegurar la **confidencialidad y disponibilidad** de los datos logísticos y financieros compartidos con miles de clientes. Además, debía garantizar que sus sistemas pudieran escalar rápidamente durante temporadas altas como Black Friday o Navidad.

Estrategias y herramientas implementadas:

- Migración gradual de monolitos a una **arquitectura de microservicios desplegada en Google Cloud Platform (GCP)**.
- Automatización del pipeline de CI/CD con **GitHub Actions** y control de versiones bajo GitOps.
- Integración de herramientas de seguridad como **Trivy, SonarCloud y Snyk** para escaneo de contenedores y dependencias.
- Implementación de **observabilidad con Prometheus, Grafana y Falco** para detección de comportamientos anómalos en producción.
- Modelado de amenazas mediante talleres STRIDE e implementación de firewalls de aplicaciones (WAF) para APIs públicas.

Resultados:

- Aumento del **99,9% en disponibilidad de la plataforma digital de rastreo**.
- Reducción en más del **60% de los incidentes relacionados con configuraciones erróneas**.
- Escalabilidad dinámica de servicios durante picos de carga sin interrupciones ni fallas críticas.
- Adopción de DevSecOps como modelo replicable para centros de distribución en otras regiones del país.

Tabla 9 Principales Prácticas DevSecOps Implementadas

Práctica	Aplicación en los casos
Pipelines CI/CD con seguridad integrada	Azure DevOps (Banco Comercial), GitLab (Ingenio Cañero), Bitbucket (La Fundación Capitalina), GitHub Actions (La empresa privada de logística)
Escaneo automático de vulnerabilidades	SonarQube, Snyk, Trivy, GitGuardian, Fortify
Automatización de pruebas de seguridad	Pruebas estáticas y dinámicas integradas desde el desarrollo
Gestión de secretos y control de acceso	Vault, IAM granular, políticas de autenticación multifactor
Modelado de amenazas	Aplicación del marco STRIDE y talleres de análisis de riesgos colaborativos
Infraestructura como código (IaC)	Despliegue seguro de infraestructura mediante Terraform, Ansible
Observabilidad y monitoreo proactivo	Prometheus, Grafana, Falco, alertas configuradas sobre servicios críticos
Cultura de seguridad compartida	Formación transversal, ownership compartido, revisión de código colaborativa
Uso de contenedores y microservicios	Docker y Kubernetes para escalabilidad, modularidad y trazabilidad
Cumplimiento normativo automatizado	Evidencias auditables en salud, banca y defensa; controles validados en cada etapa del pipeline

REFERENCIAS BIBLIOGRAFICAS

Beck, K. (1999). Extreme Programming Explained: Embrace Change. Addison-Wesley.

Center for Internet Security. (2021). CIS Docker Benchmark. Center for Internet Security. https://www.cisecurity.org/benchmark/docker

Center for Internet Security. (2023). CIS critical security controls. Center for Internet Security. https://www.cisecurity.org/controls

Chaos Engineering. (n.d.). The Principles of Chaos Engineering. https://principlesofchaos.org/

Chen, H., et al. (2008). The Concept of Provenance in Digital Artifacts and its Applications.

Common Vulnerability Scoring System (CVSS). (n.d.). First.org.

Consejo Nacional de Operaciones de Caña. (2022). Informe de innovación y ciberseguridad en el agrocolombiano. https://asocana.org

Coordinadora Mercantil. (2023). Informe de sostenibilidad y transformación digital. https://coordinadora.com

Ejército Nacional de Colombia. (2023). Modernización tecnológica y ciberdefensa: Informe de avance estratégico 2020–2023. Ministerio de Defensa Nacional.

Evans, E. (2003). Domain-Driven Design: Tackling Complexity in the Heart of Software. Addison-Wesley.

Gamma, E., Helm, R., Johnson, R., & Vlissides, J. (1995). Design Patterns: Elements of Reusable Object-Oriented Software. Addison-Wesley.

Humble, J., & Farley, D. (2010). Continuous Delivery: Reliable Software Releases through Build, Test, and Deployment Automation. Addison-Wesley.

International Organization for Standardization. (2013). ISO/IEC 27001:2013 Information technology — Security techniques — Information security management systems — Requirements. ISO. https://www.iso.org/standard/54534.html

International Organization for Standardization. (2023). ISO/IEC 27035-2:2023 Information technology — Information security incident management — Part 2: Guidelines to plan and prepare for incident response. ISO. https://www.iso.org/standard/73492.html

Izrailevsky, Y., & Tseitlin, A. (2011, julio 26). The Netflix Simian Army. Netflix TechBlog. https://netflixtechblog.com/the-netflix-simian-army-16e57359fb7a

Jonsson, D., Deogun, D., & Sawano, D. (2019). Secure by Design. Manning Publications.

Kim, G., Humble, J., Debois, P., & Willis, J. (2013). The DevOps Handbook: How to Create World-Class Agility, Reliability, & Security in Technology Organizations. IT Revolution Press.

Microsoft. (1999). STRIDE Threat Model.

Microsoft Colombia. (2023). Historias de transformación digital en entidades públicas y privadas del país. https://customers.microsoft.com

Ministerio TIC de Colombia. (2023). Casos de éxito en ciberseguridad y DevOps en sectores estratégicos. https://mintic.gov.co

Moore, M. (n.d.). Understanding and Building Distroless Containers.

Morris, K. (2020). Infrastructure as Code: Dynamic systems for the cloud age (2nd ed.). O'Reilly Media.

National Institute of Standards and Technology. (2018). Framework for improving critical infrastructure cybersecurity (Version 1.1). U.S. Department of Commerce. https://www.nist.gov/cyberframework

National Institute of Standards and Technology. (2020). Security and privacy controls for information systems and organizations (NIST Special Publication 800-53 Revision 5). U.S. Department of Commerce. https://doi.org/10.6028/NIST.SP.800-53r5

National Institute of Standards and Technology. (2022). NIST Special Publication 800-204C: Cybersecurity Framework Profile for DevSecOps.

OWASP Foundation. (2021). OWASP Software Assurance Maturity Model (SAMM) version 2.0. OWASP. https://owaspsamm.org/

OWASP Foundation. (n.d.). OWASP Top 10.

PASTA. (n.d.). Process for Attack Simulation and Threat Analysis.

Ribeiro, M. (2023). Learning DevSecOps. SPIRITSEC.

Rice, L. (2020). Container Security: Secure and Assess Your Container Infrastructure and Applications. O'Reilly Media.

Rice, L. (n.d.). Building a Container from Scratch.

SANS Institute. (2024). The Seven Deadly Sins of Application Security Programs. https://www.sans.org/blog/the-seven-deadly-sins-of-application-security-programs/

SANS Institute. (n.d.). The Top 20 Critical Security Controls. https://www.sans.org/top20-critical-security-controls/

Shostack, A. (2014). Threat Modeling: Designing for Security. Wiley.

Smith, J. D. & Jones, A. B. (2023). [No title available in provided text].

Superintendencia Nacional de Salud. (2022). Transformación digital en el sector salud: Retos y avances. https://supersalud.gov.co

Volz, D., & Bing, C. (2021, marzo 1). SolarWinds hack: executives blame intern for password leak. Reuters. https://www.reuters.com/article/us-solarwinds-hack-idUSKBN2AV692

Zhang, H. (n.d.). What is a Container Registry and How it Works.

ACERCA DEL AUTOR

Como Arquitecto de TI master en la industria de soluciones tecnologías con más de dos décadas de experiencia. He dedicado mi carrera a impulsar la innovación en las líneas de producción de software, liderando equipos talentosos tanto a nivel nacional como internacional. Mi trayectoria me ha llevado a impactar sectores clave como el bancario, seguros y servicios, siempre con el objetivo de transformar la tecnología en un motor de valor para las organizaciones. Hoy en día, tengo el privilegio de trabajar en una de las cinco multinacionales más importantes a nivel global, donde mi enfoque se centra en el apasionante ámbito de DevSecOps.

A lo largo de estos años, he cultivado una profunda pasión por la excelencia y la optimización. Mi experiencia me permite diseñar e implementar arquitecturas robustas en la nube (Azure, AWS), automatizar procesos complejos con metodologías DevOps, y guiar a los equipos para adoptar una cultura de mejora continua y seguridad desde el diseño. He sido un agente de cambio, impulsando transformaciones culturales hacia DevOps y asegurando que la gestión de equipos se alinee con las mejores prácticas de la industria, siempre con un enfoque DevSecOps para blindar las aplicaciones y la infraestructura. Además, cuento con una Maestría en Ingeniería de Software de la Universidad de San Buenaventura Cali , y actualmente estoy cursando una Maestría en Ciberseguridad en Southern New Hampshire University de Estados Unidos.

Más allá de los logros técnicos, mi compromiso se extiende a la formación y el crecimiento. He tenido la oportunidad de desempeñarme como profesor de Ingeniería de Software y Arquitectura de Software en diversas instituciones académicas , incluyendo la Universidad ICESI , la Universidad Cooperativa de Colombia, Campus Cali , la Universidad de San Buenaventura , y la Universidad Autónoma de Occidente. Mi enfoque siempre ha sido práctico, buscando transferir no solo conceptos, sino también la experiencia necesaria para enfrentar los desafíos del mundo real. Este rol me permite seguir aprendiendo y aplicando mi vasta experiencia en la creación de soluciones innovadoras que impulsen el crecimiento empresarial y el éxito a largo plazo, manteniendo un firme compromiso con la honestidad, la responsabilidad y la dedicación.

www.ingramcontent.com/pod-product-compliance
Lightning Source LLC
LaVergne TN
LVHW082231051026
849532LV00012B/3942
* 9 7 8 6 2 8 7 6 9 1 6 6 7 *